노크

PA5

(7~8세)

연산

이 책을 보시는 부모님들께

머리가 좋아야 수학을 잘 한다는 말이 있습니다. 또, 수학을 잘 못하는 아이는 아빠, 엄마의 머리를 물려받아서 그렇다는 등의 난데없는 유전자 논쟁이 벌어지기도 합니다. 하지만 많은 사람들의 일반적인 생각과는 달리 이는 근거없는 이야기입니다. 외국의 한 연구 기관에서 언어, 사회, 수학, 과학의 네 가지 분야 중 어떤 것이 아동의 선천적 재능에 영향을 받는지 조사한 연구 결과를 발표했는데 일반적인 예상과는 다르게 선천적 재능에 영향을 받는 순서는 사회, 언어, 과학, 수학 순이었습니다. 다시 말해, 수학은 여러 학문 분야 중 선천적인 재능보다는 후천적인 환경이나 교육자, 학습자의 노력에 가장 큰 영향을 받는 학문이라 볼 수 있습니다. 수학의 가장 기본이 되는 '수 영역'의 예를 들어 보겠습니다. 아이들이 수를 처음 접하는 시기의 차이는 있지만 실제 수에 대한 감각과 수를 다루는 연습은 생활 속에서의 체험이나 다양한 활동, 학습 속에서 이루어집니다. 즉, 수학의 가장 기본이 되는 수는 선천적으로 가진 재능과는 거의 연관이 없으며 자라나면서 어떤 환경에 놓이는지, 얼마나 많이 수를 생각할 수 있는 기회가 있는지, 나이에 맞는 올바른 학습을 만날 수 있는지에 좌우됩니다. 그러므로 아이의 수학적 발달에 문제가 있다면, 그 아이가 누구를 닮아서 그런지, 지능이 떨어지는지를 따질 것이 아니라 수학적 힘을 기를 수 있는 학습 환경을 어떻게 만들어줄 것인가를 고민해야 합니다.

국제영재교육연구소의 랜즐리 소장은 영재의 기준을 마련하기 위해 여러 연구를 시행한 결과, 영재의 공통적인 특징들을 발견하였습니다. 첫째는 115 이상의 지능지수(IQ), 둘째는 창의력(Creativity), 셋째는 동기적 요소라고 부르는 끈질긴 근성과 과제집착력이었습니다. 이들 세 가지 요소 역시 선천적으로 타고 나는 부분도 물론 있겠지만 대부분 후천적인 학습이나 교육 활동을 통해 기를 수 있는 능력이라는 데에 이의를 제기하기는 힘듭니다.

이처럼 수학적 능력은 후천적 학습 환경에 주로 좌우되며, 특히 어린 시절에는 그러한 경향이 더더욱 두드러집니다. 하지만 우리의 아이들을 둘러싼 수학적 환경을 다시 한 번 돌아봅시다. 초등학교를 들어가기 전부터 과도한 학습량과 무의미한 반복 활동, 이후의 수학 학습에 오히려 방해가 될 정도로 무리한 선행 학습 등의 환경은 아이의 수학적 힘을 길러주기보다는 수학에서 가장 중요한 창의적 사고력을 기를 수 있는 기회를 박탈함과 동시에 수학에 대한 흥미를 급속하게 떨어뜨리게 하여 수학으로 문제를 해결하려는 의지, 즉 수학적 동기를 스스로에게 부여하는 것을 불가능하게 만들어 버립니다. 중요한 것은 남들보다 먼저, 그리고 더 많이 수학적 지식을 머리 속에 주입하는 것이 아니라 태어나서부터 누구나 가지고 있는 수학에 대한 관심, 그리고 수학으로 생각하는 힘을 일깨워주는 것입니다.

수학을 잘할 수 있는 힘,

수학적 잠재력은 이미 여러분 아이들의 머릿 속에 줄곧 있어왔습니다. 단지 어떤 아이는 그것을 찾아내어 드러낼 수 있었고, 어떤 아이는 꼭꼭 숨긴 채 평생 드러나지 않을 뿐입니다. 이러한 수학적 잠재력에 대한 참신한 자극 – 생각을 두드리는 '노크'를 제안하려 합니다. '노크'는 수학적 지식과 스킬만을 무리하게 밀어넣지 않습니다. 왜 수학을 해야 하고, 어떻게 수학으로 가능한지 끊임없이 스스로 생각하게하는 계기로서의 활동이 되려 합니다. 일상으로부터 괴리된 학문으로서의 수학이 아닌, 삶을 살아가며 반드시 키워야 할 논리적, 합리적 사고력을 기를 수 있는 누구에게나 가장 중요한 경쟁력으로서의 수학을 주장합니다. '노크'야말로 새로운 수학 학습의 길을 보여주는 방향타가 될 것입니다.

한 현 조

노크의 구성

시작 : 생각열기

사고력 수학 주제에 맞는 수학적 상황, 수학사, 생활 속 수학 이야기 등의 자유로운 형식으로 흥미를 유발하고, 수학적 사고를 자극하는 주제별 프롤로그

노크 포인트

문제 해결의 핵심적 원리를 '콕!' 집어서 간결하게 요약한 사고력 수학 주제별 포인트

전개 : 유형 탐구

사고력 수학의 대표 유형을 노크만의 새로운 방법으로 차근차근 한 단계씩 익히고 해결하는 단계적 유형 탐구와 이를 통해 익힌 방법적 원리를 적용, 확장하는 확인 문항

수학 요정들의 친절한 충고와 꼬마 요괴들의 밉살스럽지만 유용한 조언으로 어려운 발전 문항의 해결을 돕는 문제 해결 도우미 박스

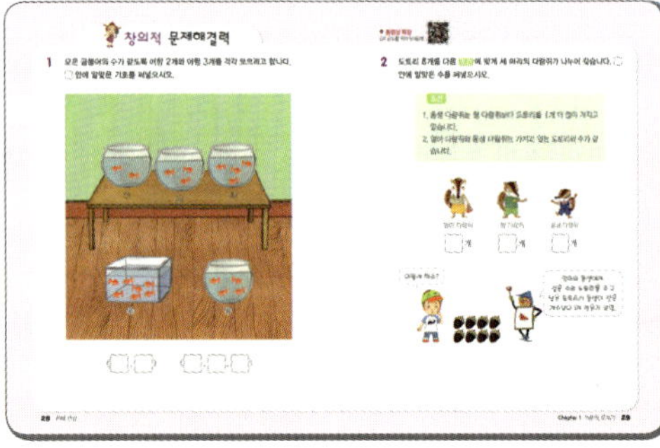

발전 : 창의적 문제해결력

3개의 사고력 수학 주제를 갈무리하는, 한 차원 높은 창의력과 복합적인 사고력을 요구하는 발전 문항의 끝판왕

마무리 : 정답 및 해설

본문에 그대로 첨삭된 정답과 간략한 풀이 과정을 통한 사고력 수학 활동 피드백으로 마무리

노크
캐릭터 소개

태돌
추진력 대장

현우
끈기 도령

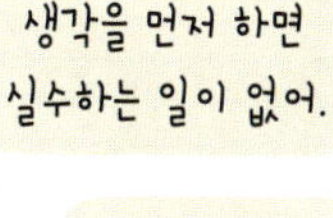

티나
치밀한 전략가

큐리
호기심 해결사

마법사 멀린과 수학 요정

마법사 멀린

노크랜드의 지식의 수호자. 지식을 파괴하려는 대마왕의 음모에 맞서 모험을 떠난 친구들의 든든한 조력자.

아르키메데스

페르마

플라톤

파스칼

피타고라스

가우스

유클리드

오일러

대마왕과 꼬마 요괴

대마왕

노크랜드의 지식의 파괴자. 세계를 차지하기 위해 모든 지식을 없애버리려고 하는 요괴들의 두목.

따소리

한입

장난

잘난척

따짓

멍하니

잠만자

대충이

산만해

울보

거꾸로

뛰어

이 책의 # 차 례

가르기, 모으기

두 동물의 다리를 모으면 8이 되도록 선으로 이으시오.

쿠키 8개를 2가지 방법으로 두 접시에 나누어 담아 보시오.

방법 1

방법 2

8을 두 수로 가르는 방법은 여러 가지가 있습니다.

두 수를 모아 6이 되는 방법은 여러 가지가 있습니다.

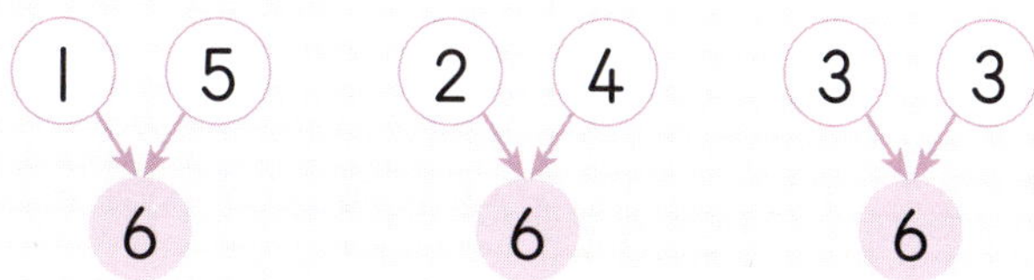

가르기 모으기 1

보기와 같이 상자에 공을 넣으면 가르기 또는 모으기를 하여 공이 나옵니다. 바구니에 담길 공의 수를 알아봅시다.

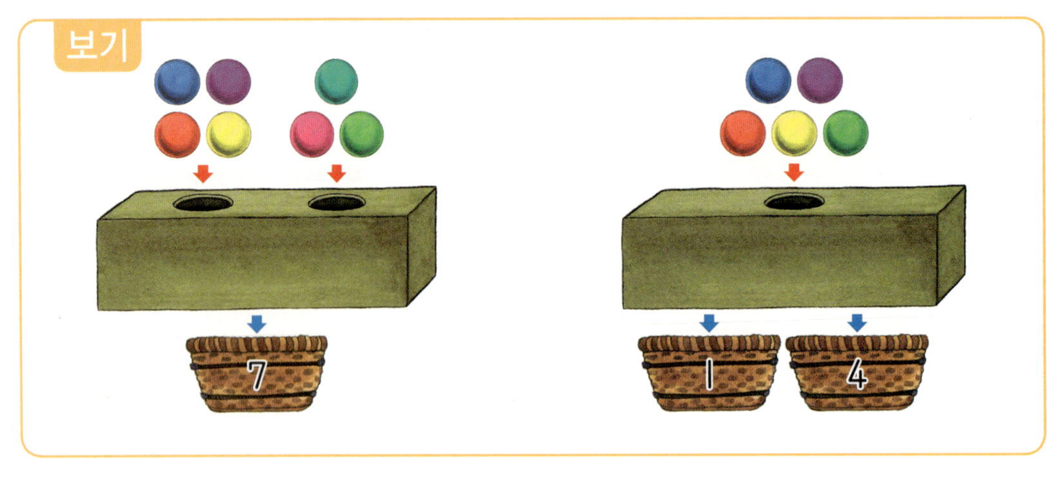

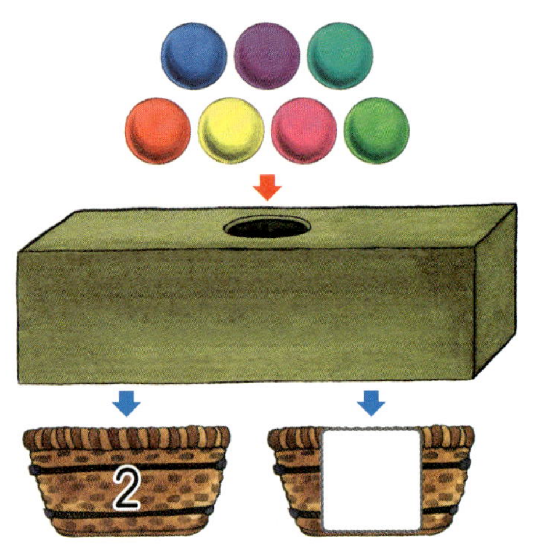

❶ 오른쪽은 공의 수를 나타낸 것입니다. 가르기 또는 모으기를 하여 ◯ 안에 알맞은 수를 써넣으시오.

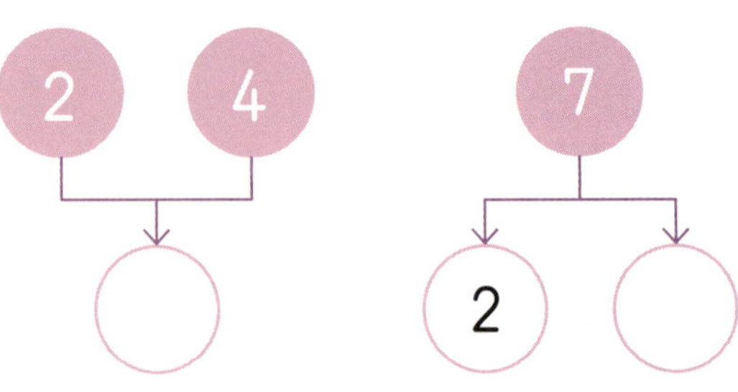

❷ 바구니의 ☐ 안에 알맞은 수를 써넣으시오.

1 도미노마다 점을 모으면 *9*가 되도록 빈 곳에 ●을 그리시오.

가르기 모으기 2

두 수를 모아 ■ 안의 수가 되도록 선을 이으시오.

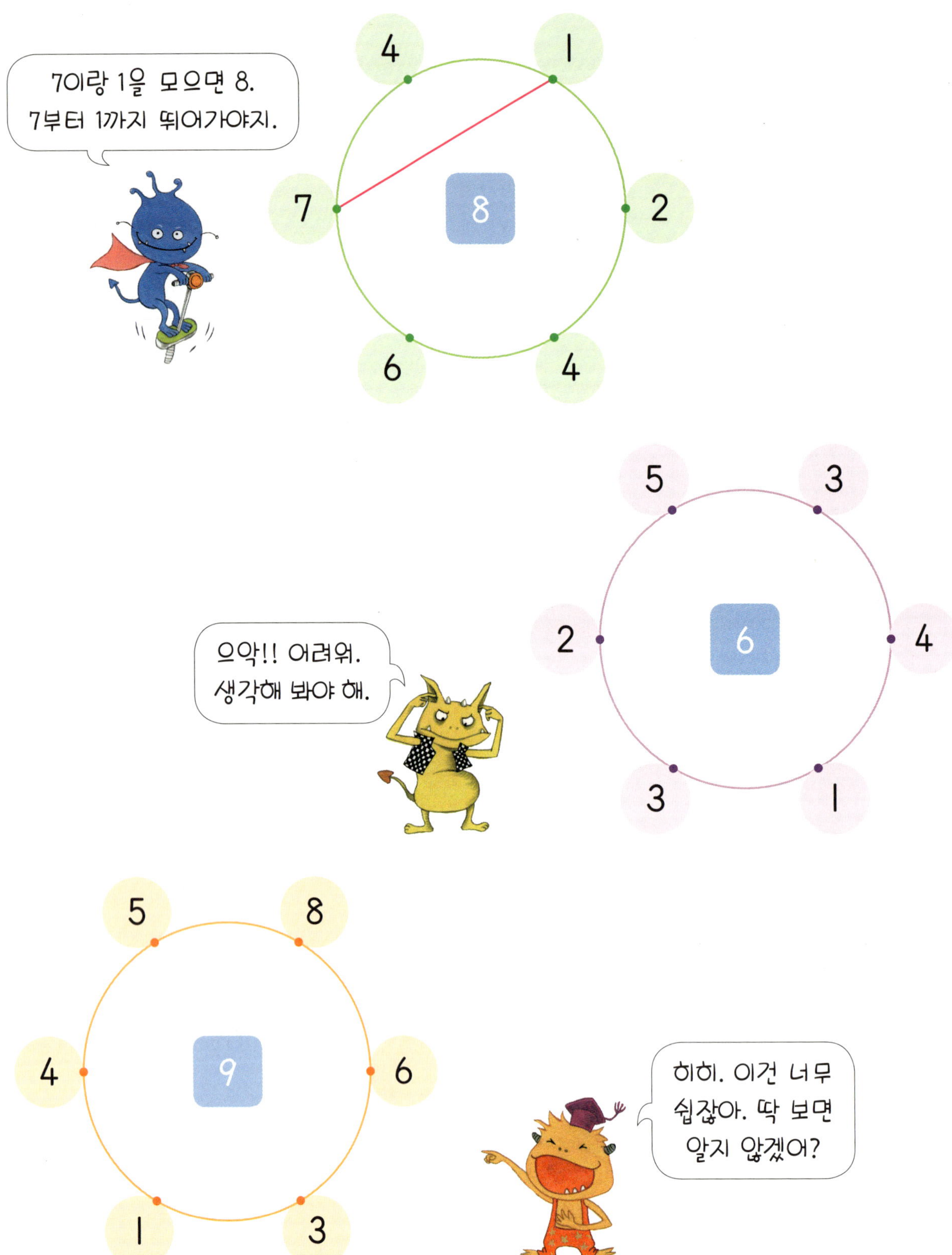

1 지붕 위의 세 수 중에서 모아서 구름 안의 수가 되는 두 수에 색칠하시오.

풍선이 팡!

큐리와 티나가 화살을 던져 풍선을 터뜨리는 놀이를 하고 있습니다. 화살이 꽂힌 풍선의 수를 모으면 점수가 됩니다. 점수를 ☐ 안에 써넣으시오.

5 점

☐ 점

☐ 점

 주어진 수를 세 수로 바르게 가른 꼬치에 ○표 하시오.

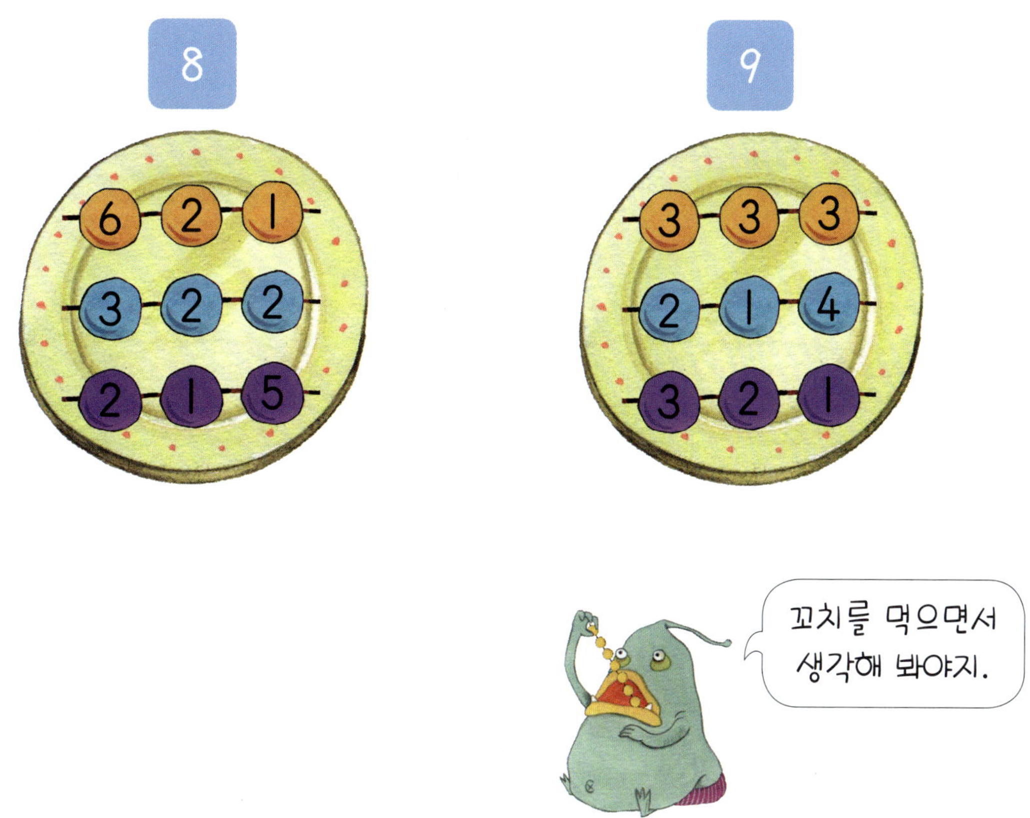

8을 두 수로 가른 후 그 중 한 수를 다시 두 수로 가르기 하면 8을 세 수로 가르는 방법을 알 수 있습니다.

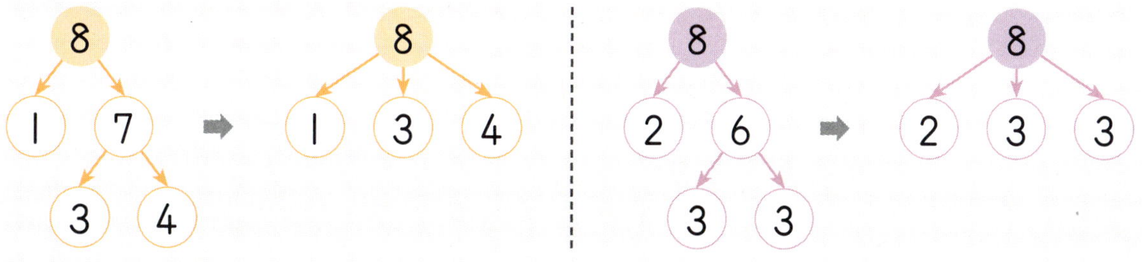

모아 모아

현우, 티나, 큐리, 태돌이가 각자 다른 길을 따라 마법의 성으로 갑니다. 길을 따라가며 금화 7개를 모아 성의 문지기에게 내면 성에 들어갈 수 있습니다. 성으로 가는 길을 선을 그어 나타내시오.

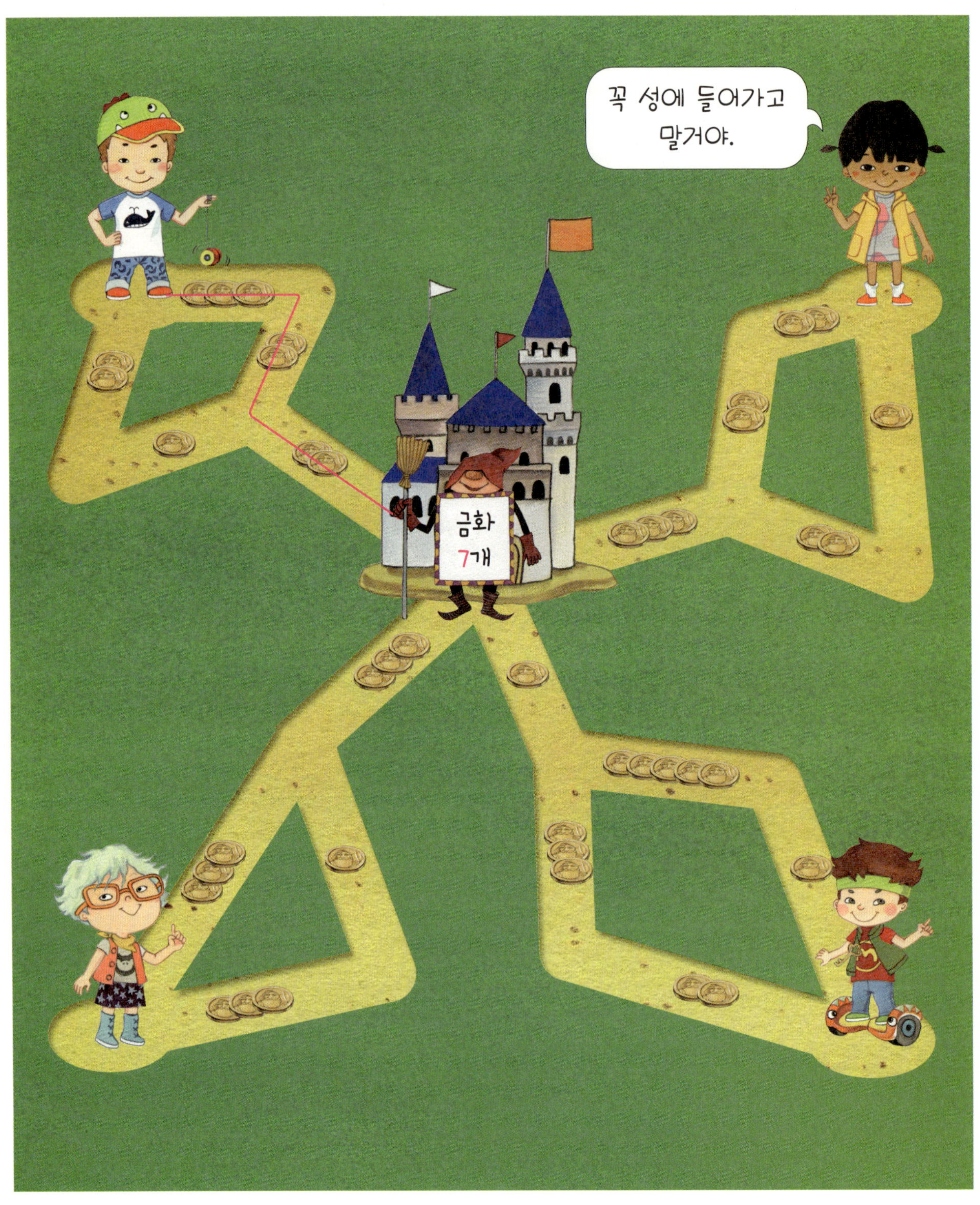

1 9가 되는 세 수를 묶으시오.

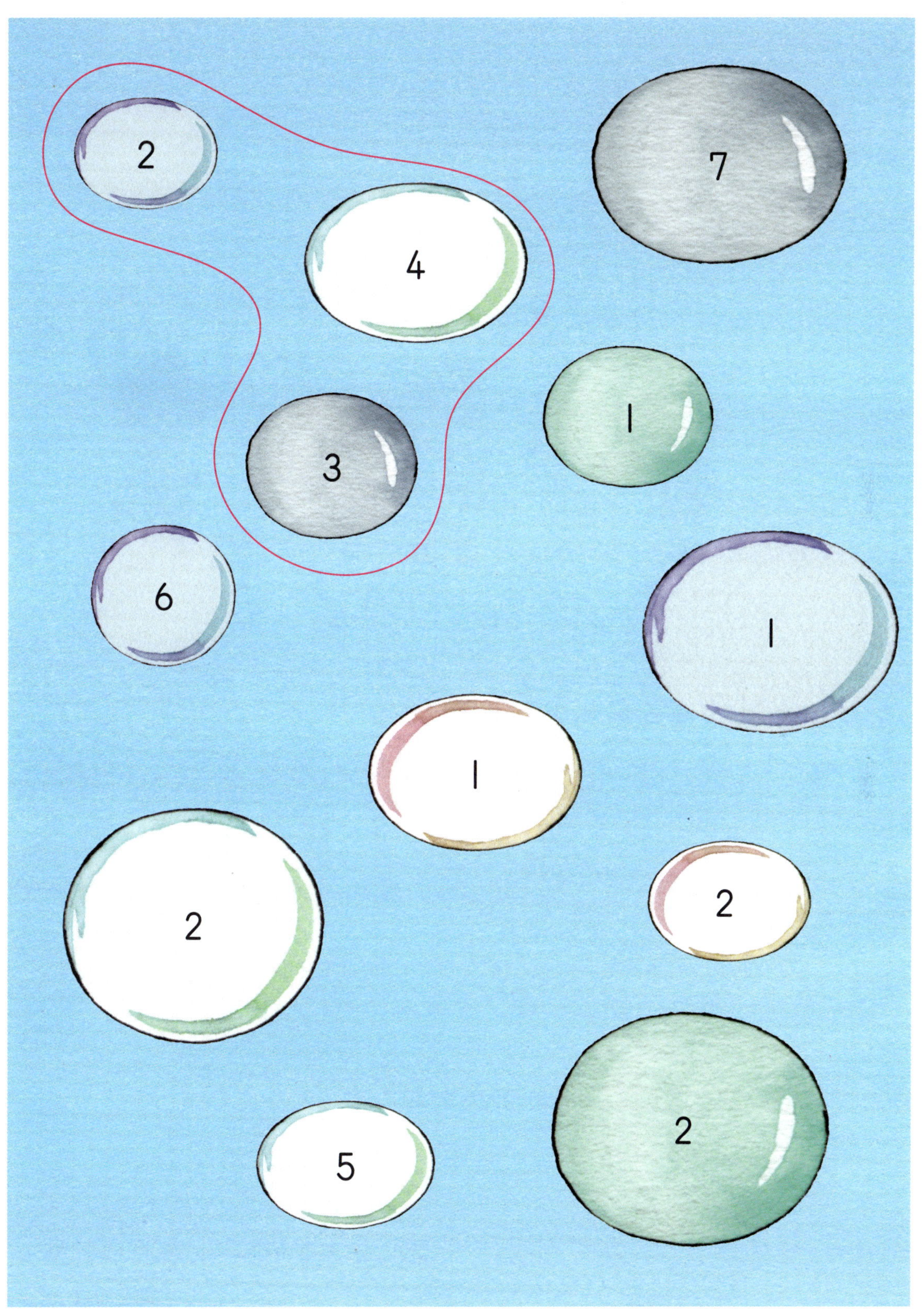

가르고 가르고

대마법사 멀린이 마법 사탕 6개를 다음 조건 에 맞게 큐리, 현우, 티나에게 나누어 줍니다. 아이들이 받은 사탕의 수를 알아봅시다.

> 조건
>
> 1. 아이들이 받은 사탕의 수가 모두 다릅니다.
> 2. 치과에 다니는 현우는 받은 사탕의 수가 가장 적습니다.
> 3. 큐리가 받은 사탕의 수가 가장 많습니다.

큐리: ☐ 개   현우: ☐ 개   티나: ☐ 개

❶ 아이들이 받은 사탕의 수가 모두 다릅니다. 6을 서로 다른 세 수로 가르기 하시오.

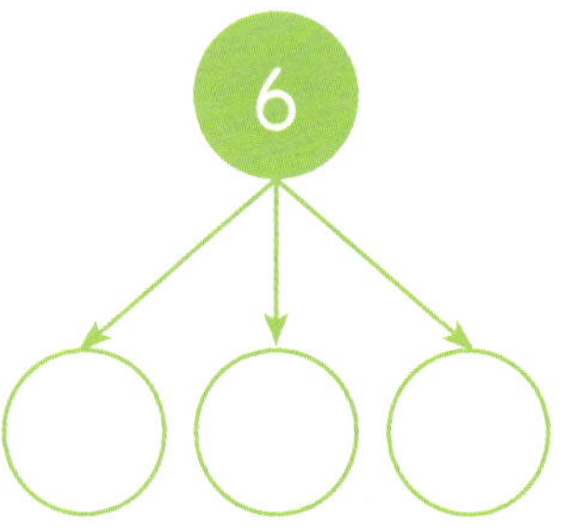

❷ ❶을 보고 조건 1에 맞게 현우가 받은 사탕의 수를 구하시오.

❸ 큐리, 현우, 티나가 받은 사탕의 수를 ☐ 안에 알맞게 써넣으시오.

1 암탉이 둥지 3곳에 달걀을 낳았습니다. 암탉이 하는 말을 읽고 암탉이 품고 있는 달걀의 수를 ☐ 안에 써넣으시오.

2 햄스터 세 마리가 도토리 7개를 나누어 먹었습니다. 세 번째 햄스터가 먹은 도토리의 수를 ◯ 안에 써넣으시오.

10!

꼬마 요괴들이 토끼 모양 젤리를 I0개씩 받은 뒤 먹고 남은 접시입니다. 꼬마 요괴들이 먹은 수 만큼 젤리 스티커를 요괴의 배에 붙이고 ☐ 안에 알맞은 수를 써 넣으시오.

먹은 젤리: ☐ 개

먹은 젤리: ☐ 개

먹은 젤리: ☐ 개

의 수를 모아서 10개가 되도록 두 개씩 선으로 이으시오.

노크 포인트

모아서 10이 되는 두 수가 있습니다.

$$(1, 9), (2, 8), (3, 7), (4, 6), (5, 5)$$

모으기 하여 10이 되는 두 수를 '보수'라고 하며 보수를 이용하여 받아올림, 받아내림이 있는 덧셈, 뺄셈을 빠르게 할 수 있습니다.

세 수 모아 10

태돌이는 모아서 10이 되는 세 수를 선으로 이어 마법진을 완성하려고 합니다.
마법진을 완성하면 개구리 왕자를 구할 수 있습니다. 마법진을 완성해 보시오.

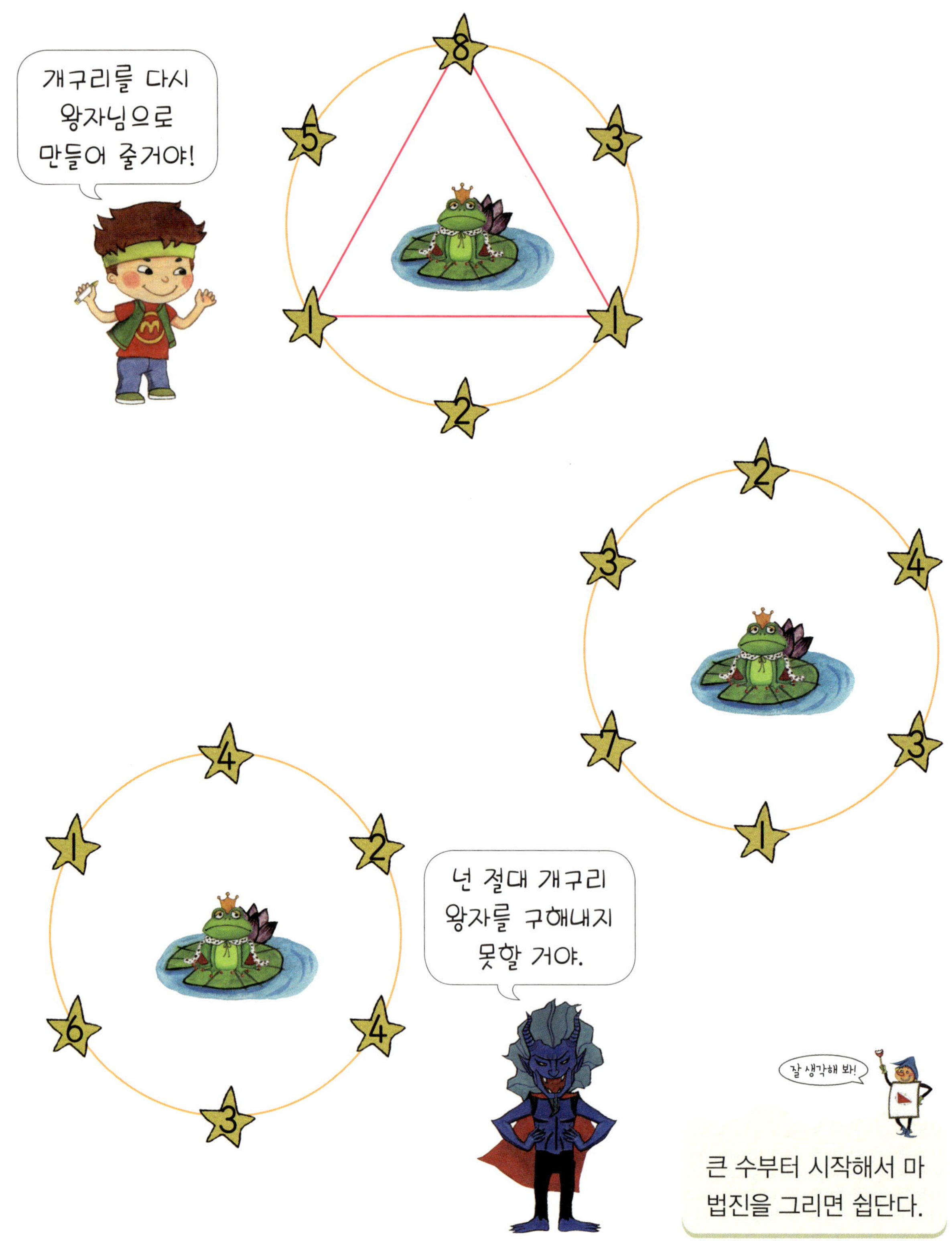

1 티나와 현우가 각자 들고 있는 풍선에 쓰여 있는 세 수를 모으면 10이 됩니다. □ 안에 알맞은 수를 써넣으시오.

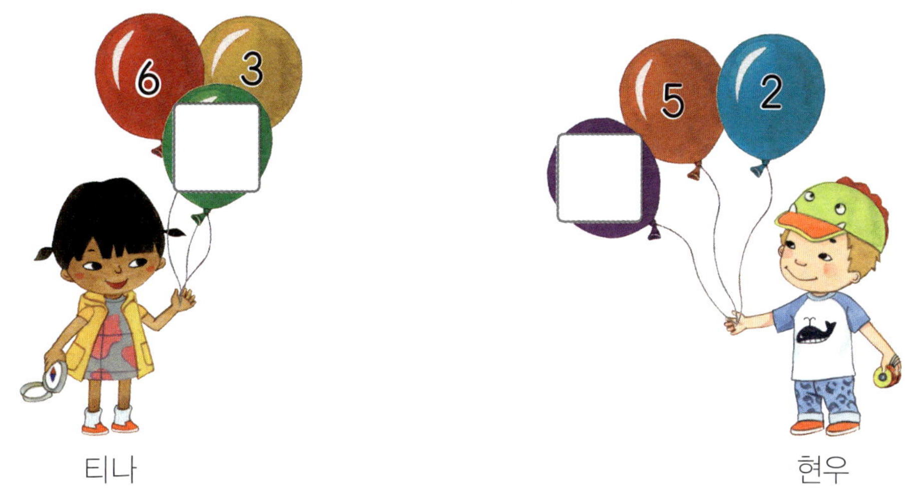

2 네 개의 수 중에서 모아서 10이 되는 세 수를 색칠하시오.

10	
1	4
3	5

10	
7	2
6	2

10	
3	1
4	3

네 수 중 한 수씩을 지워가며 모아보면 쉽지. 넌 몰랐니?

보기와 같이 꿀벌이 수를 모으면 10이 되는 방을 따라 꿀 항아리로 갑니다. 꿀벌이 지나는 길을 선으로 그리시오.

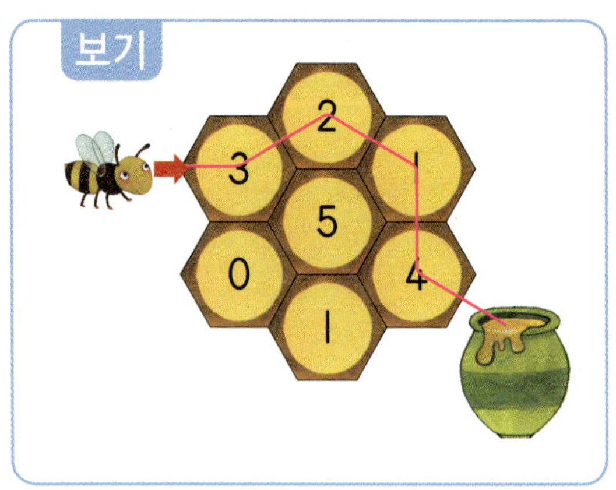

[얼음]

1 얼음 위를 앞 또는 옆으로 1칸씩 움직여 맨 밑의 얼음까지 10을 모으면 큐리의 스케이트를 찾을 수 있습니다. 큐리가 지나간 길을 선으로 그리고 큐리의 스케이트에 ◯표 하시오.

창의적 문제해결력

1 모은 금붕어의 수가 같도록 어항 2개와 어항 3개를 각각 모으려고 합니다.
☐ 안에 알맞은 기호를 써넣으시오.

(☐ , ☐)　　(☐ , ☐ , ☐)

2 도토리 8개를 다음 조건 에 맞게 세 마리의 다람쥐가 나누어 갖습니다. ☐ 안에 알맞은 수를 써넣으시오.

조건

1. 동생 다람쥐는 형 다람쥐보다 도토리를 1개 더 많이 가지고 있습니다.
2. 엄마 다람쥐와 동생 다람쥐는 가지고 있는 도토리의 수가 같습니다.

엄마 다람쥐	형 다람쥐	동생 다람쥐
☐ 개	☐ 개	☐ 개

덧셈과 뺄셈

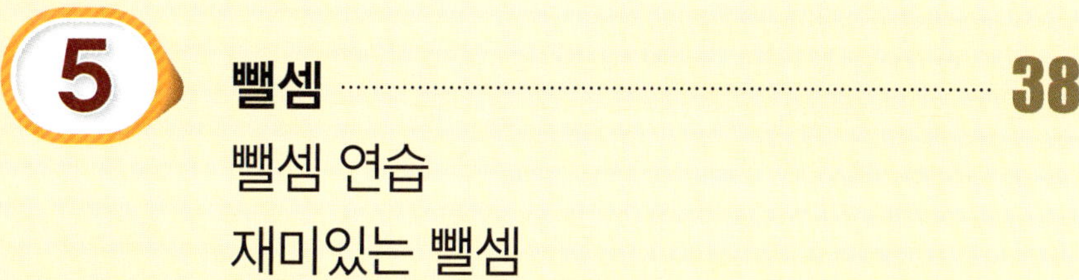

그림을 보고 다음 식을 계산하여 ☐ 안에 알맞은 수를 써넣으시오.

거꾸로 요괴가 구슬을 상자에 모읍니다. 구슬을 더 넣으면 상자에 모두 몇 개의 구슬이 있는지 덧셈식으로 구하시오.

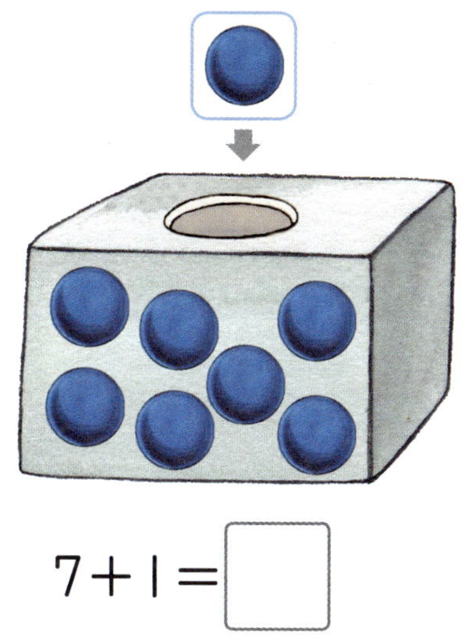

$7+1=\boxed{}$

$4+5=\boxed{}$

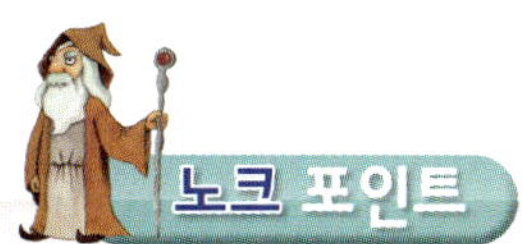

덧셈을 하는 두 가지 상황입니다.

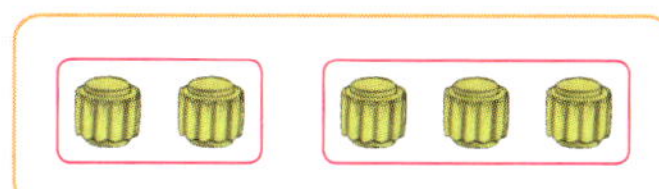

$2+3=5$
2 더하기 3은 5와 같습니다.

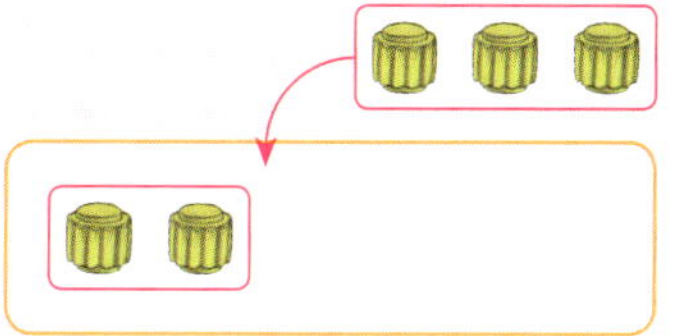

$2+3=5$
2와 3의 합은 5입니다.

덧셈 연습

다음 계산을 하여 ◯ 안에 알맞은 수를 써넣으시오.

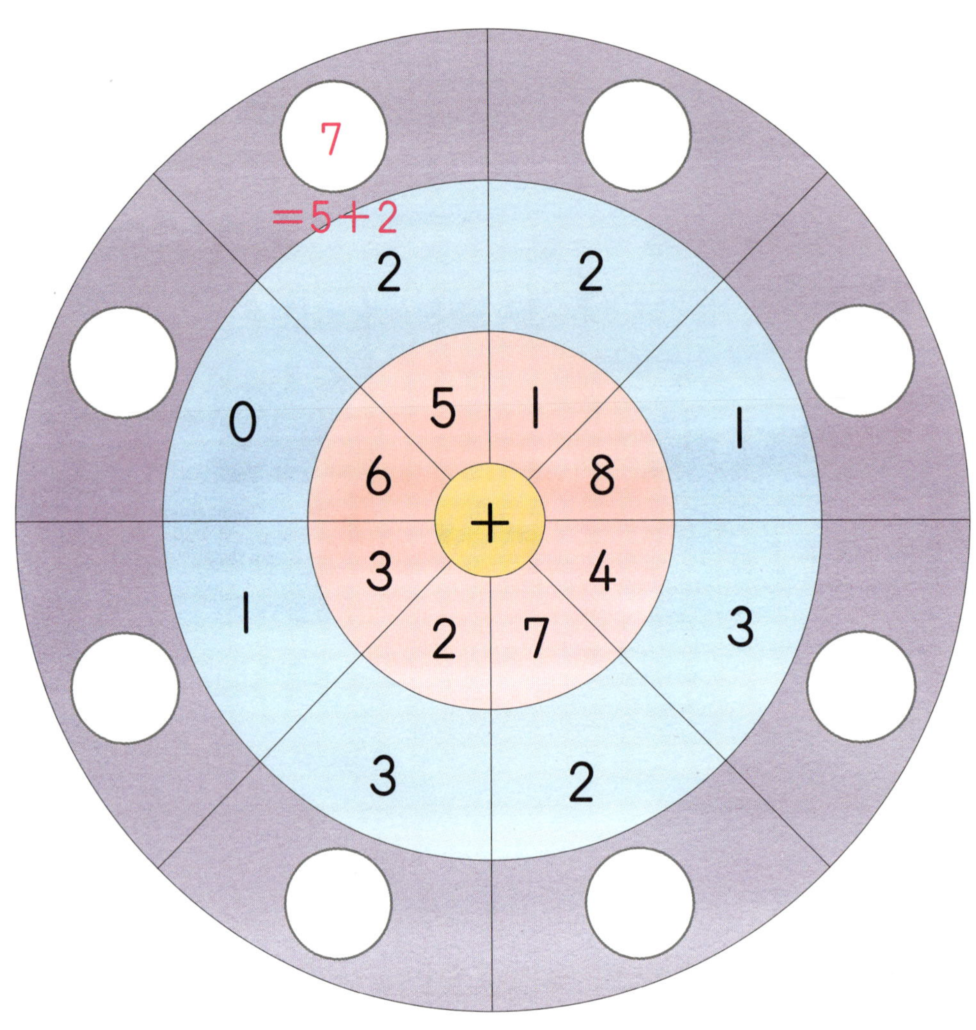

[모양 덧셈]

1 같은 모양에 있는 수끼리 더해 같은 모양의 빈 곳에 답을 써넣으시오.

[잎사귀]

2 덧셈식의 계산 결과가 화분에 쓰여 있는 수와 같은 식을 모두 찾아 색칠하
시오.

합이 같은 식

합이 같은 식을 찾아 같은 색으로 색칠하시오.

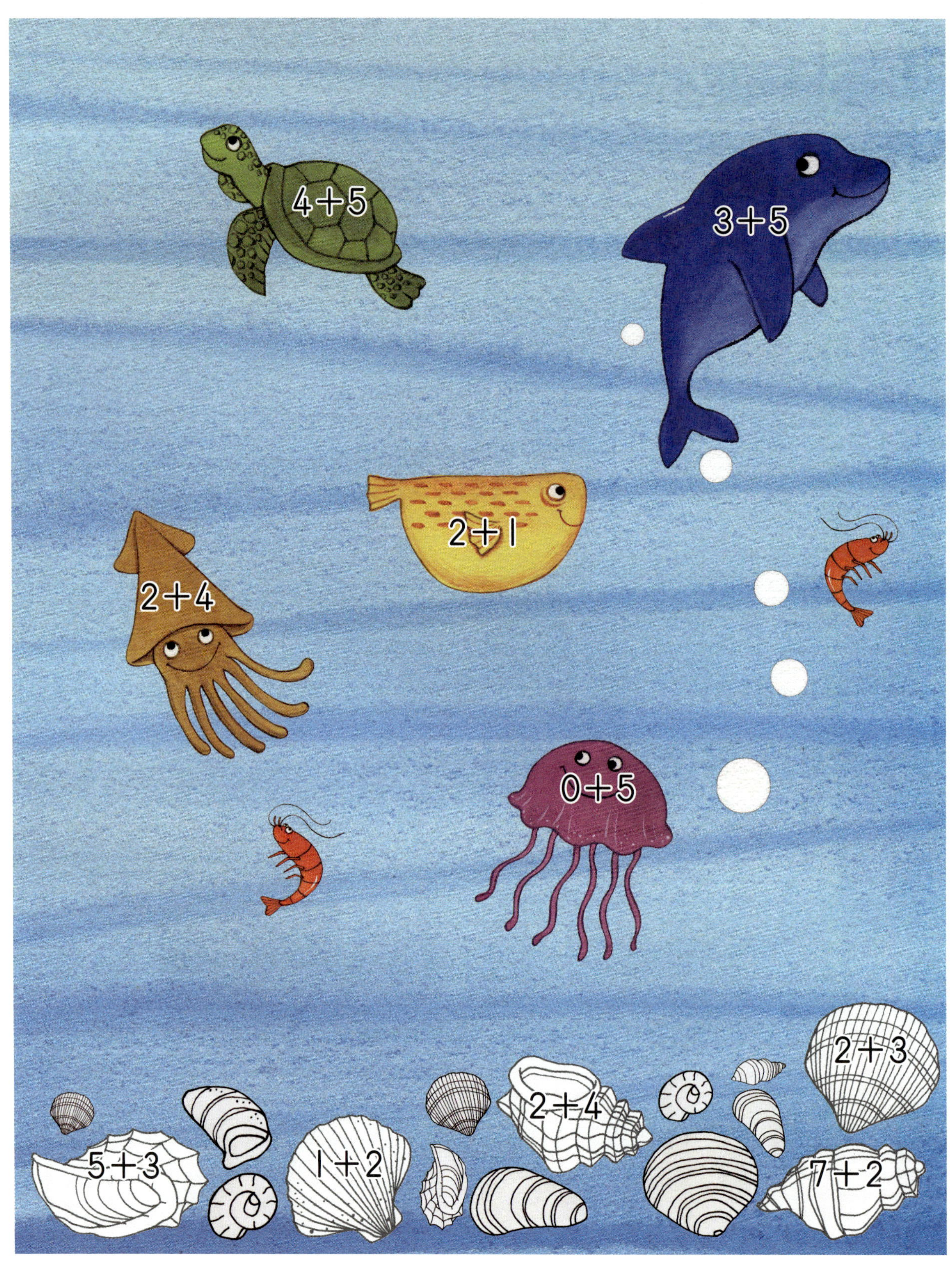

1 합이 1０인 풍선을 모두 찾아 ×표 하시오.

5 뺄셈

마법 학교에 다니는 꼬마 요괴들은 칭찬 스티커와 벌점 스티커를 받습니다. 벌점 스티커가 칭찬 스티커보다 많을수록 대마왕이 좋아합니다. 스티커 수의 차를 구하고 대마왕이 가장 좋아하는 꼬마 요괴를 쓰시오.

칭찬·벌점 스티커

2 − 1 = ☐ (개)

잠만자 요괴

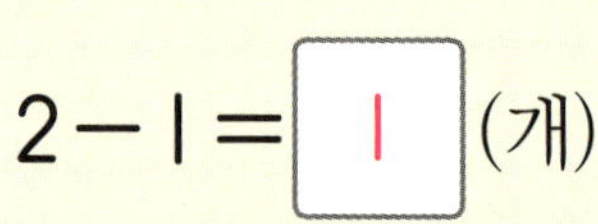

4 − 3 = ☐ (개)

울보 요괴

5 − 2 = ☐ (개)

딴소리 요괴

6 − 2 = ☐ (개)

장난 요괴

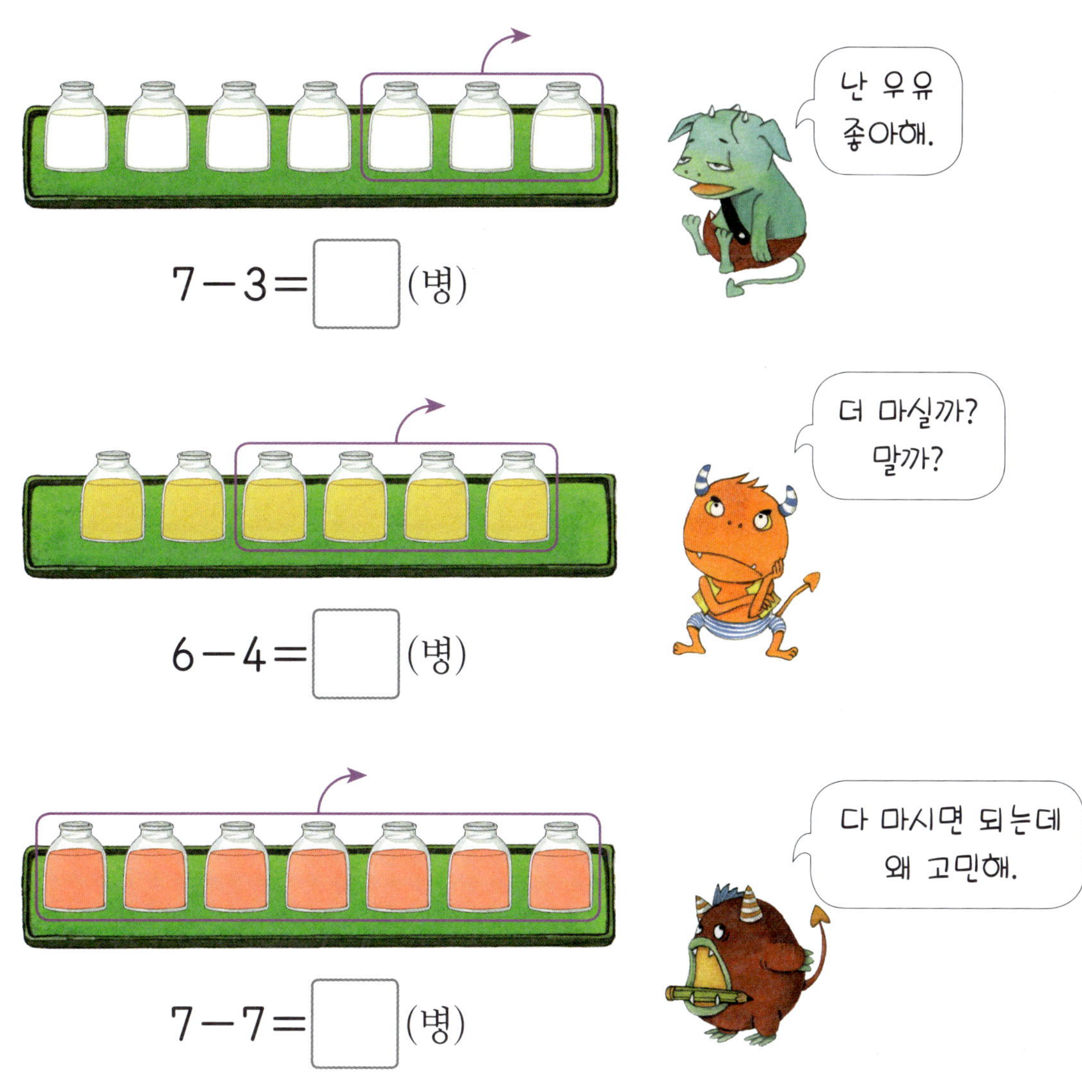

꼬마 요괴들이 먹고 남은 우유는 몇 병입니까?

$7-3=\boxed{}$ (병)

$6-4=\boxed{}$ (병)

$7-7=\boxed{}$ (병)

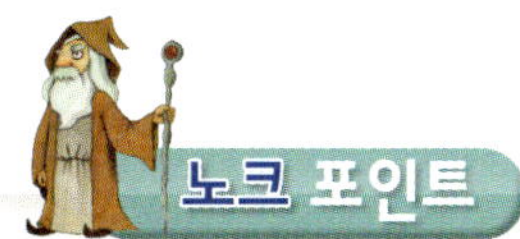

뺄셈을 하는 두 가지 상황입니다.

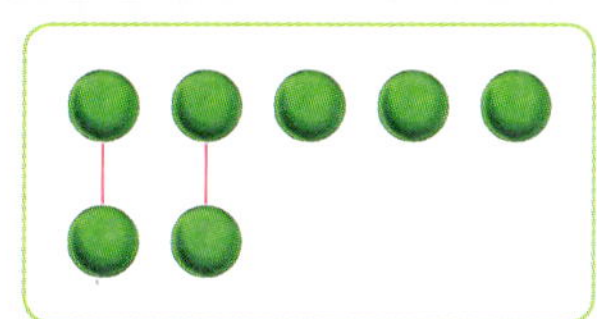

$5-2=3$
5 빼기 2는 3과 같습니다.

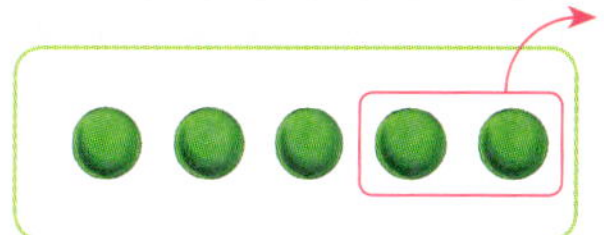

$5-2=3$
5와 2의 차는 3입니다.

뺄셈 연습

마법 나라에서는 자물쇠에 있는 식을 계산하여 열쇠를 찾을 수 있습니다. 다음 자물쇠에 맞는 열쇠를 찾아 ◯표 하시오.

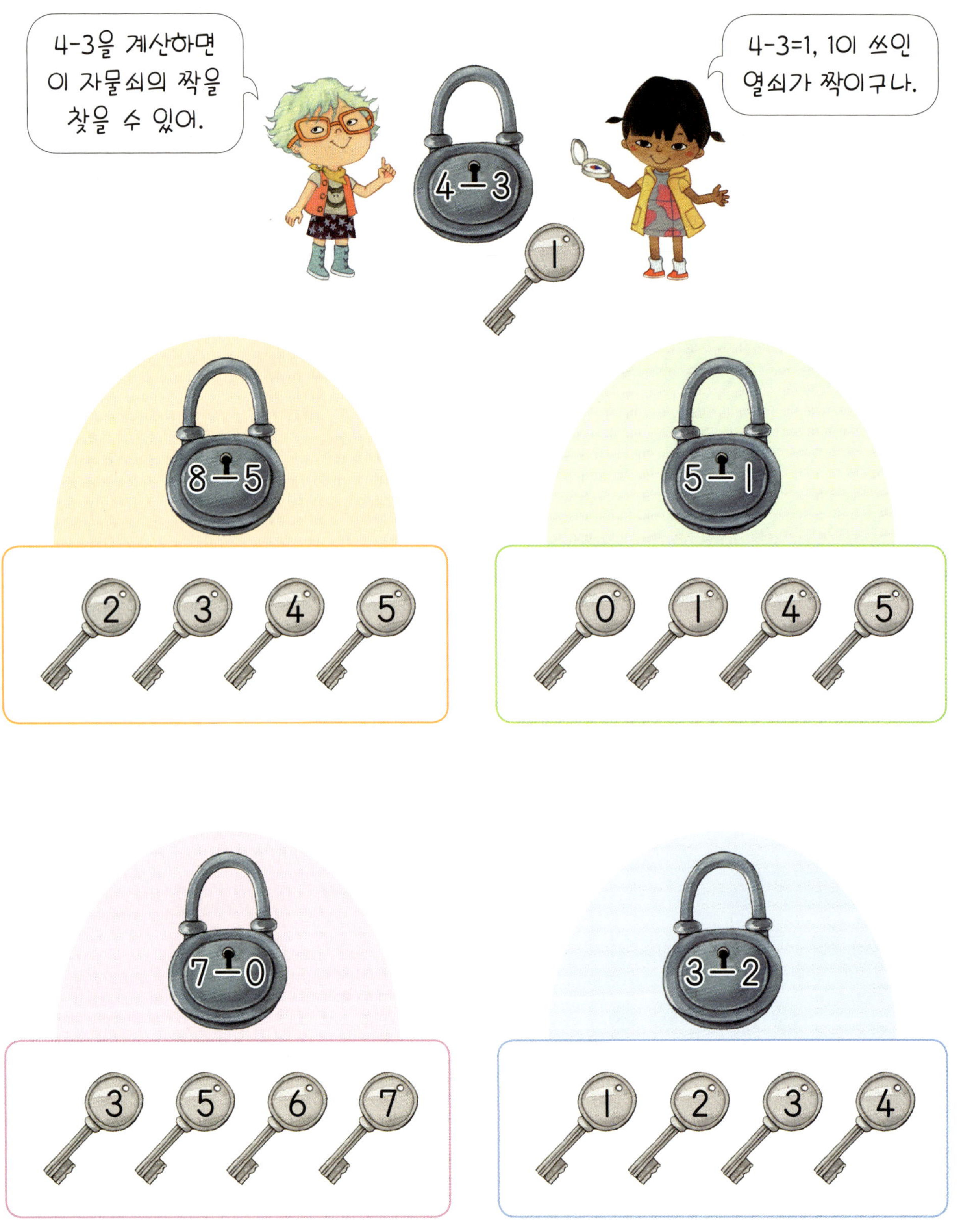

1 잘못된 뺄셈식을 모두 찾아 계산 결과를 바르게 고치시오.

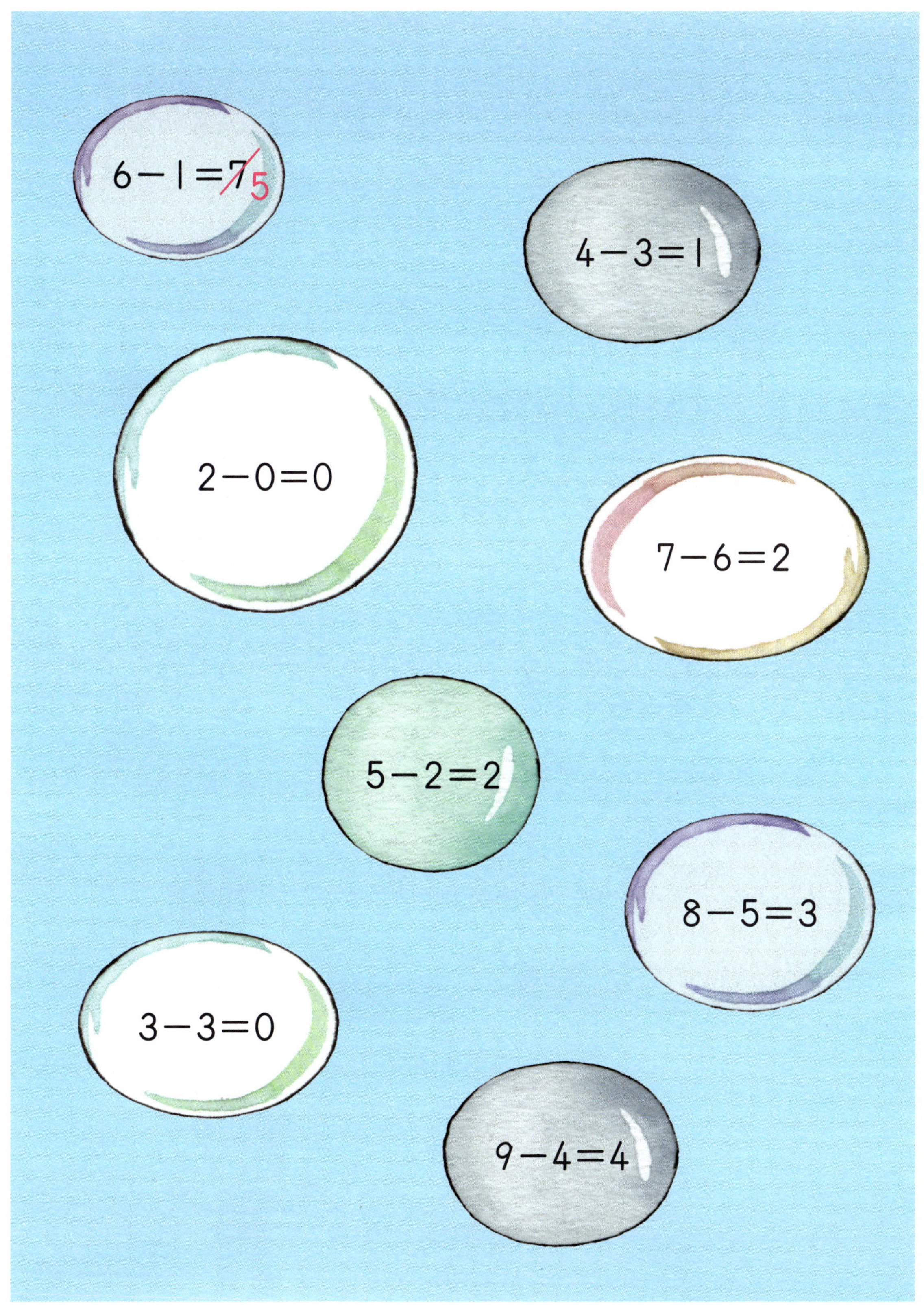

태돌이는 주어진 계산 결과가 나오는 칸을 차례대로 지나서 미로를 통과합니다.
태돌이가 미로를 통과하여 먹게 되는 음식을 쓰시오.

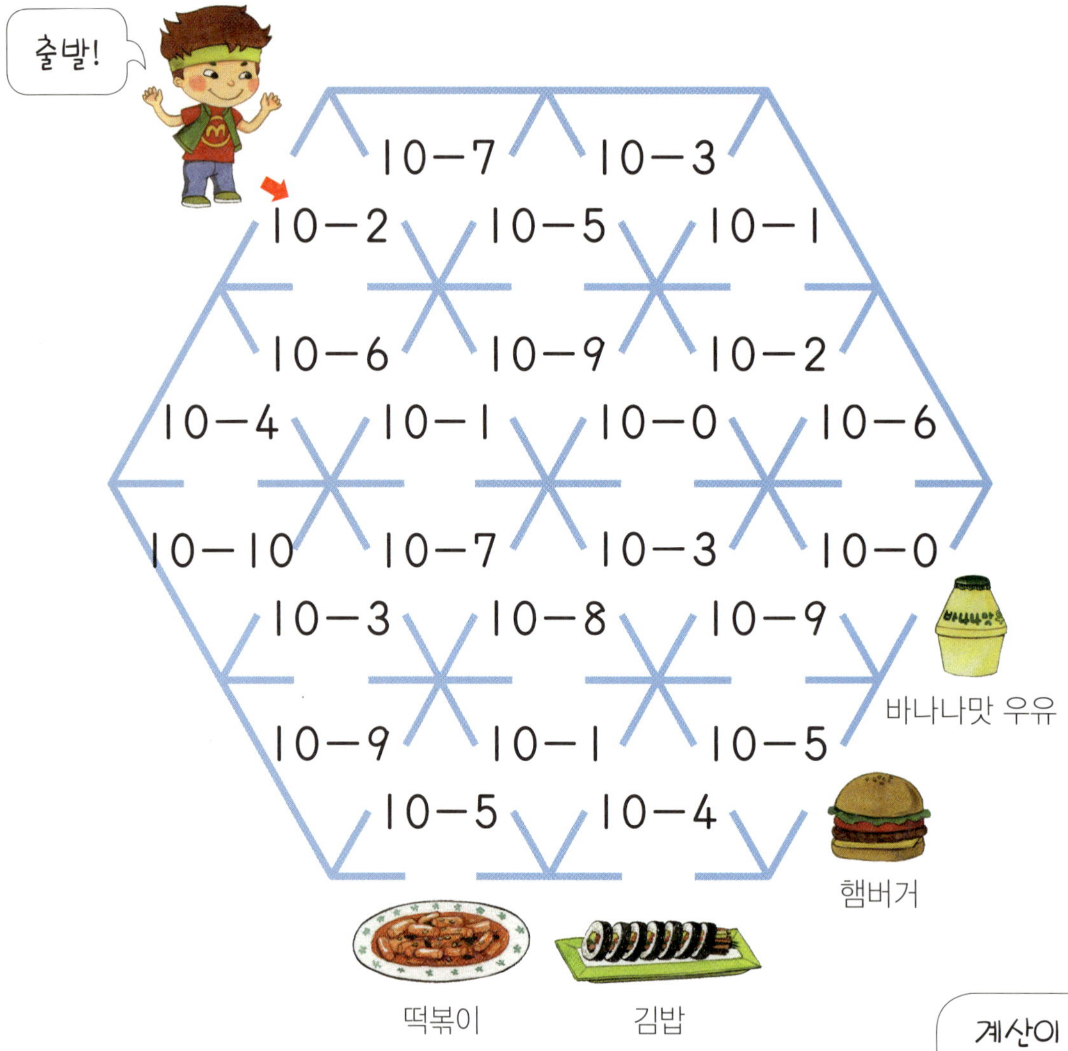

1 현우와 큐리가 요괴 나라의 문을 지나가려고 합니다. 다음 뺄셈을 하여 문을 지나갈 수 있는 암호를 알아내시오.

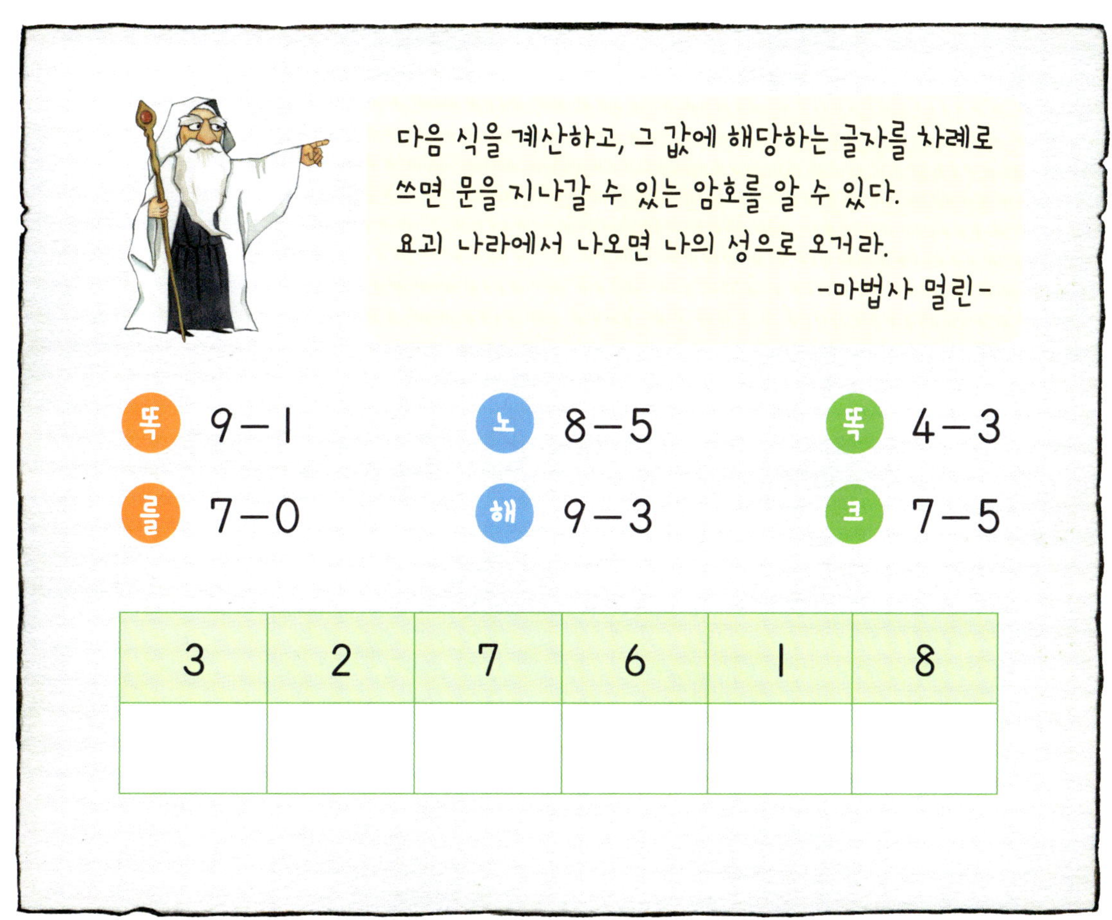

| 똑 | $9-1$ | 노 | $8-5$ | 똑 | $4-3$ |
| 를 | $7-0$ | 해 | $9-3$ | 크 | $7-5$ |

3	2	7	6	1	8

덧셈과 뺄셈

티나가 만든 종이 인형 동물원입니다.

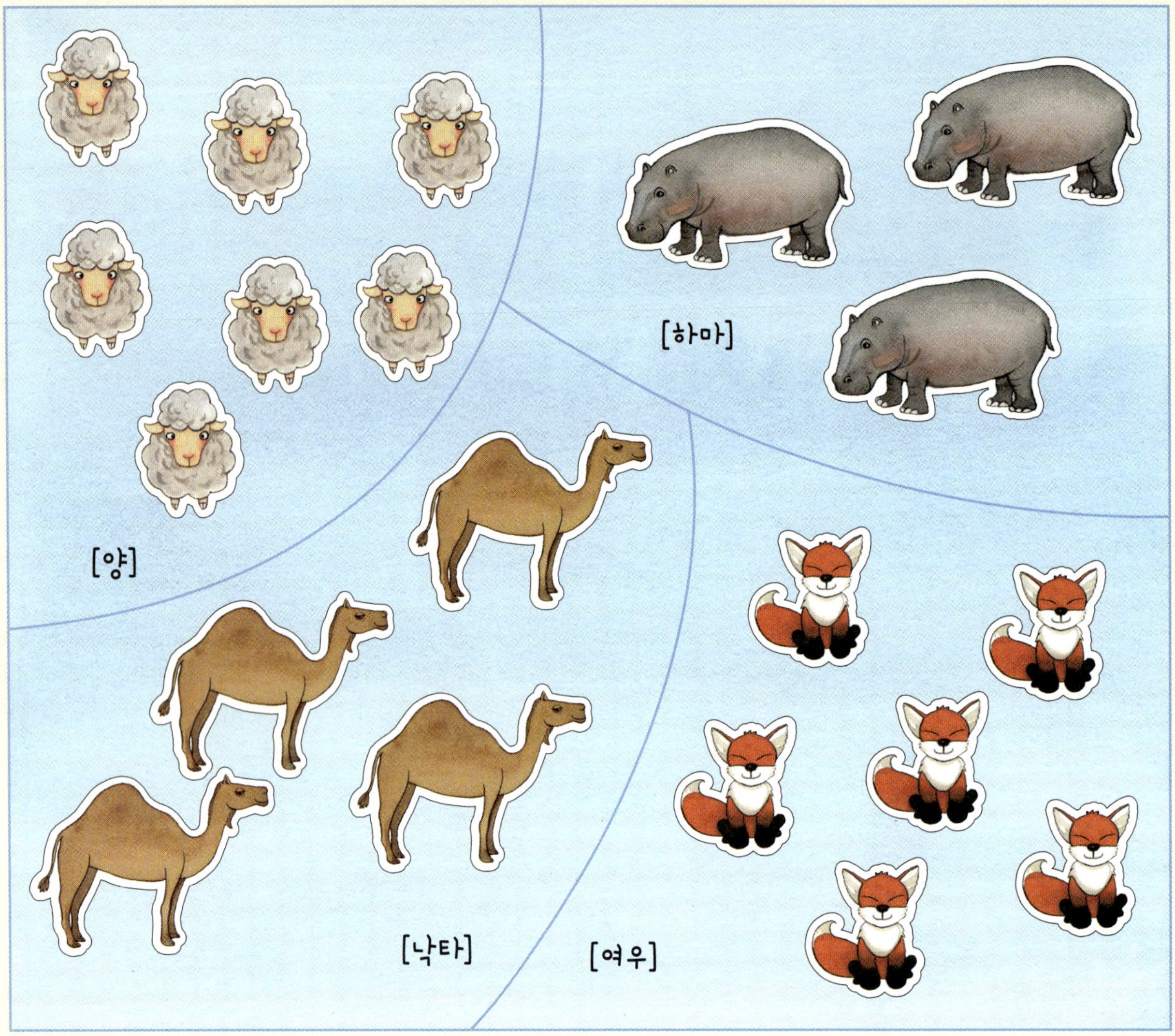

8 왼쪽 동물원을 보고 다음 물음에 알맞은 식과 답을 쓰시오.

● 낙타와 하마는 모두 몇 마리입니까?

식: 4 $+$ 3 $=$ □ (마리)　　　답: □ 마리

● 하마와 여우는 모두 몇 마리입니까?

식: □ $+$ □ $=$ □ (마리)　　　답: □ 마리

● 양은 낙타보다 몇 마리 더 많습니까?

식: □ $-$ □ $=$ □ (마리)　　　답: □ 마리

노크 포인트

덧셈식과 뺄셈식의 계산 결과가 서로 같을 수 있습니다.

$$\begin{bmatrix} 4+3=7 \\ 9-2=7 \end{bmatrix} \quad \begin{bmatrix} 5+1=6 \\ 8-2=6 \end{bmatrix}$$

연산 기호가 지워진 식에서 계산 결과가 식의 가장 앞의 수보다 크면 $+$, 작으면 $-$ 를 씁니다.

$$\begin{bmatrix} 5\bigcirc 1=6 \\ 9\bigcirc 3=6 \end{bmatrix} \rightarrow \begin{matrix} 5\oplus 1=6\,(5<6) \\ 9\ominus 3=6\,(9>6) \end{matrix}$$

계산 결과가 같은 식

계산 결과가 같은 것끼리 선으로 이으시오.

1 계산 결과가 6인 칸을 모두 색칠하여 나타나는 과일을 쓰시오.

카드와 지붕에 쓰여 있는 식의 계산 결과가 같습니다. ◯ 안에 ＋ 또는 ― 를 알맞게 써넣으시오.

1 바른 식이 되도록 꼬치의 빈 곳에 ＋, －, ＝ 스티커를 알맞게 붙이시오.

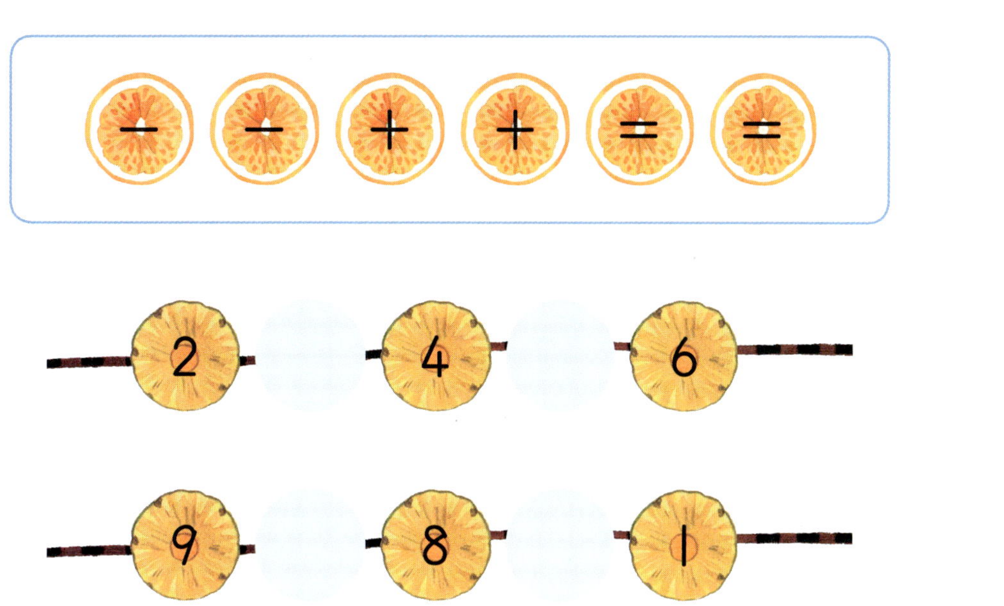

2 왼쪽의 수가 계산 결과가 되도록 ◯ 안에 ＋ 또는 －를 써넣으시오.

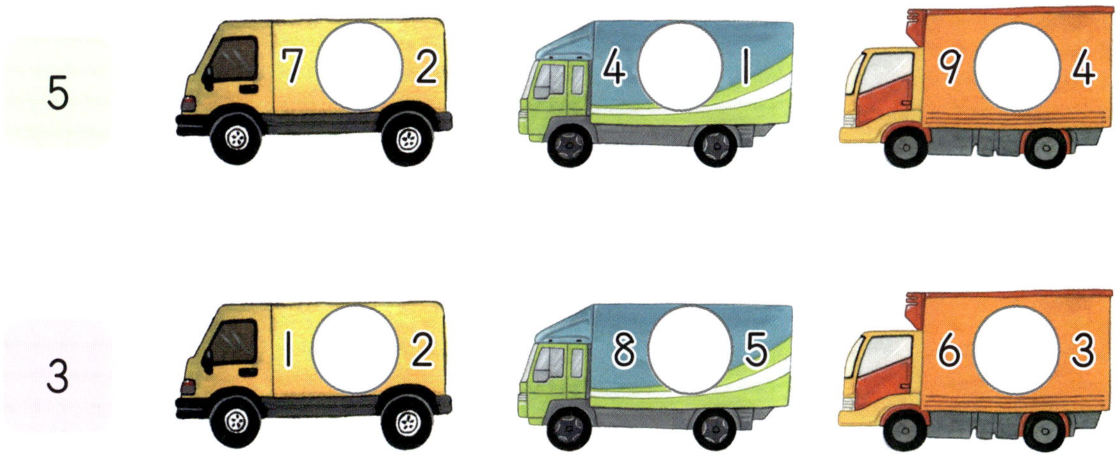

창의적 문제해결력

1 가로, 세로에 놓인 식이 모두 올바른 식이 되도록 빈 곳에 알맞은 수를 알아봅시다.

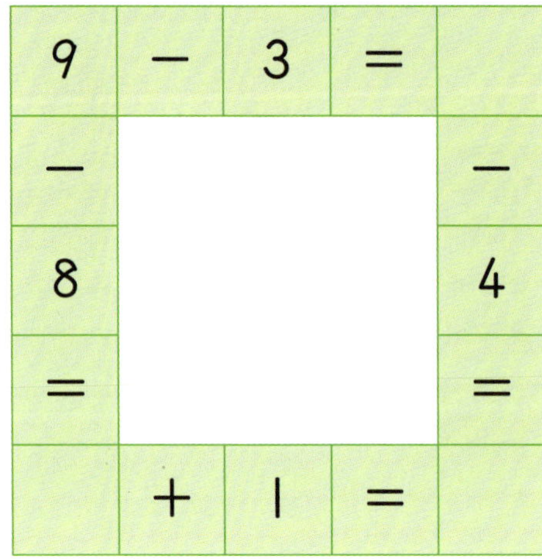

❶ 퍼즐의 빈칸을 다음과 같이 ①, ②, ③이라고 합니다. 같은 번호의 ☐ 안에는 같은 수가 들어갑니다. ☐ 안에 알맞은 수를 써넣으시오.

$9 - 3 = $ ①☐   ①☐ $- 4 = $ ③☐

$9 - 8 = $ ②☐   ②☐ $+ 1 = $ ③☐

❷ 퍼즐을 완성하시오.

2   태돌이와 티나가 계산기를 사용하여 덧셈식과 뺄셈식을 계산하였습니다. 색칠한 버튼만 눌러 계산하였다고 할 때, 계산한 식을 쓰시오.

$$\boxed{} + \boxed{} = \boxed{}$$

$$\boxed{} - \boxed{} = \boxed{}$$

Chapter 3

여러 가지 덧셈과 뺄셈

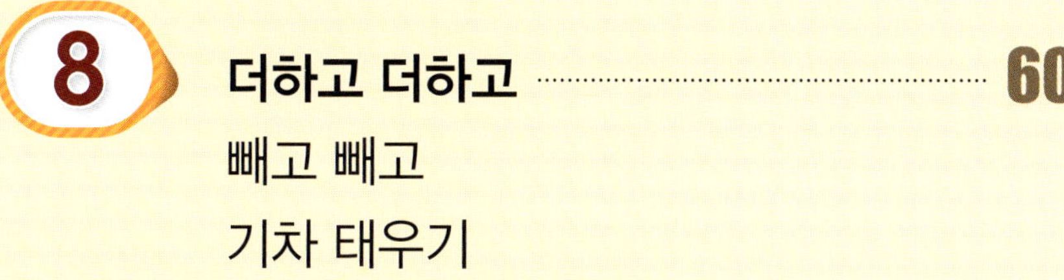

콩콩 뛰어 요괴

뛰어 요괴의 모습을 보고 다음 덧셈식의 ☐ 안에 알맞은 수를 써넣으시오.

$$2 + \boxed{5} = 7$$

$$6 + \boxed{} = 9$$

$$0 + \boxed{} = 8$$

세 명의 생선 장수가 각자 생선 10마리를 두 바구니에 나누어 담았습니다. 덮어놓은 바구니의 생선 수를 □ 안에 써넣어 다음 덧셈식을 완성하시오.

① 덧셈식에서 □ 안에 알맞은 수는 두 수의 차를 이용하여 구합니다.

$$2+□=5 \quad □=5-2=3 \quad ⇒ \quad 2+\boxed{3}=5$$

$$□+2=5 \quad □=5-2=3 \quad ⇒ \quad \boxed{3}+2=5$$

② 뺄셈식에서 빼어지는 수를 모르는 경우 두 수의 합을 이용하여 구합니다.

$$□-3=4 \quad □=4+3=7 \quad ⇒ \quad \boxed{7}-3=4$$

③ 뺄셈식에서 빼는 수를 모르는 경우 두 수의 차를 이용하여 구합니다.

$$8-□=3 \quad □=8-3=5 \quad ⇒ \quad 8-\boxed{5}=3$$

없어진 금화

대충이 요괴가 울보 요괴의 주머니에서 몰래 금화를 가져가 과자를 사 먹었습니다. 대충이 요괴가 가지고 간 금화의 수를 구하여 뺄셈식을 완성하시오.

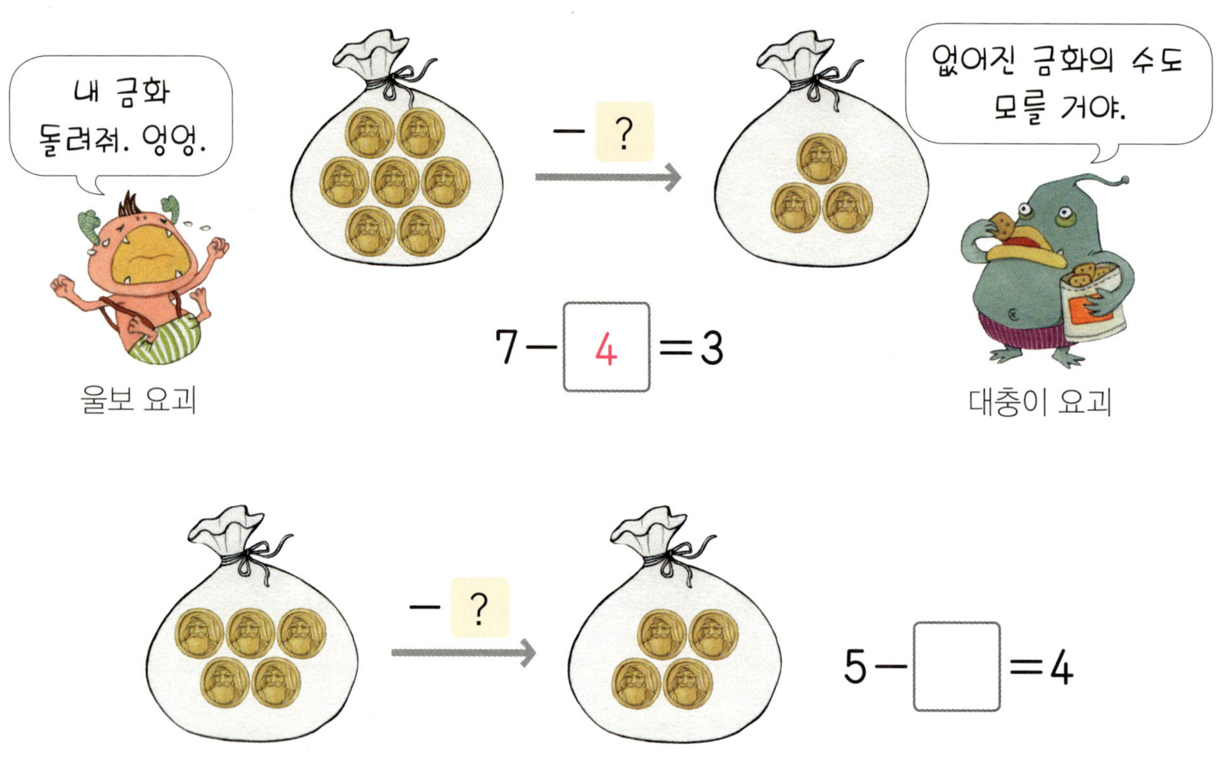

− ?

$$5 - \boxed{} = 4$$

− ?

$$8 - \boxed{} = 4$$

− ?

$$6 - \boxed{} = 0$$

1 토끼가 바구니에 담긴 당근을 먹습니다. 먹기 전 바구니에 있었던 당근의 수를 생각하여 다음 뺄셈식을 완성하시오.

$$\boxed{}-5=2$$

2 고양이 집에서 고양이 3마리가 나오자 고양이 집에는 6마리의 고양이가 남아 있습니다. 고양이는 모두 몇 마리입니까?

 안의 수

□ 안의 수가 가장 작은 풍선부터 차례로 선을 이으시오.

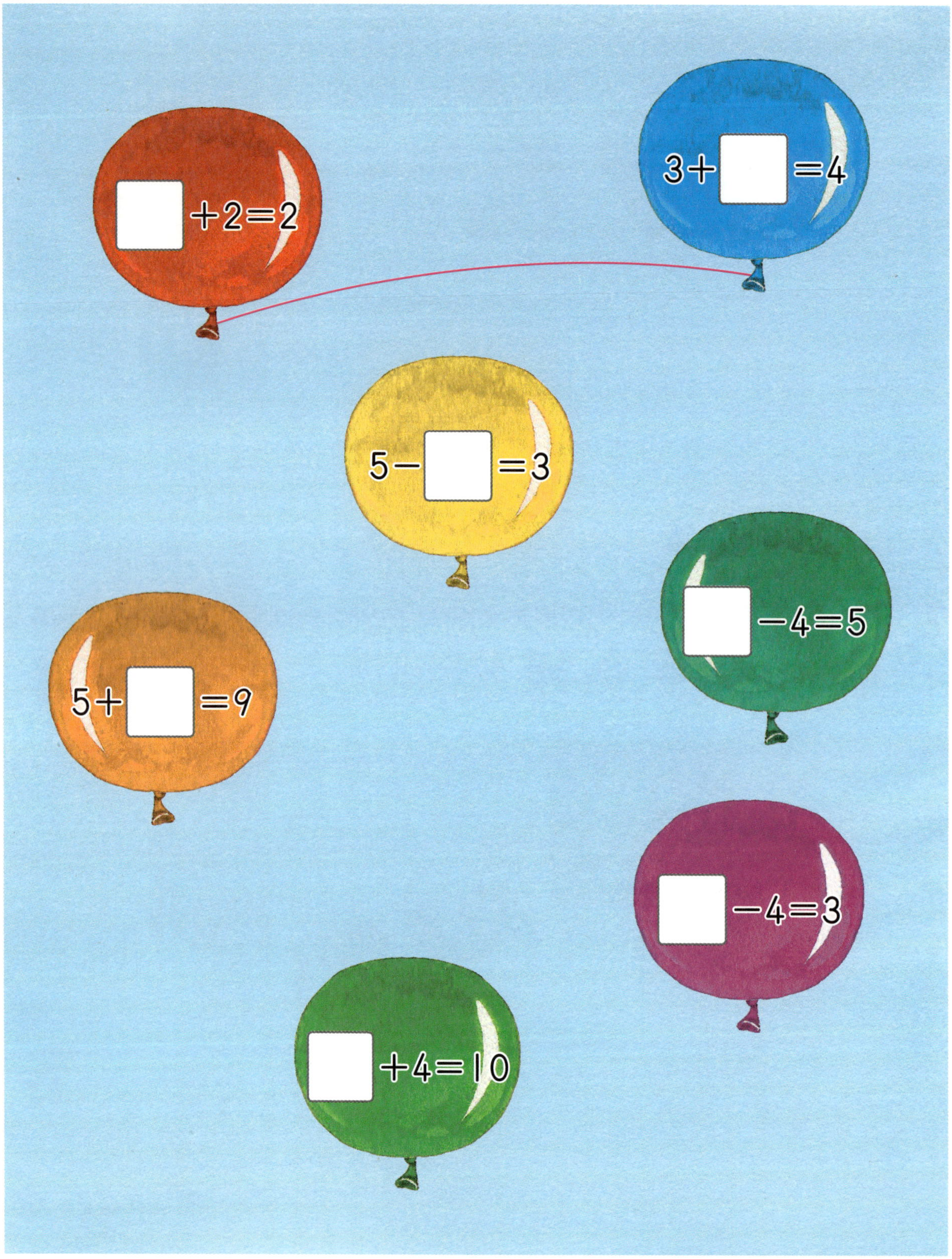

[같은 수]

1 ⬜ 안에 들어가는 수가 같은 식끼리 짝을 지으시오.

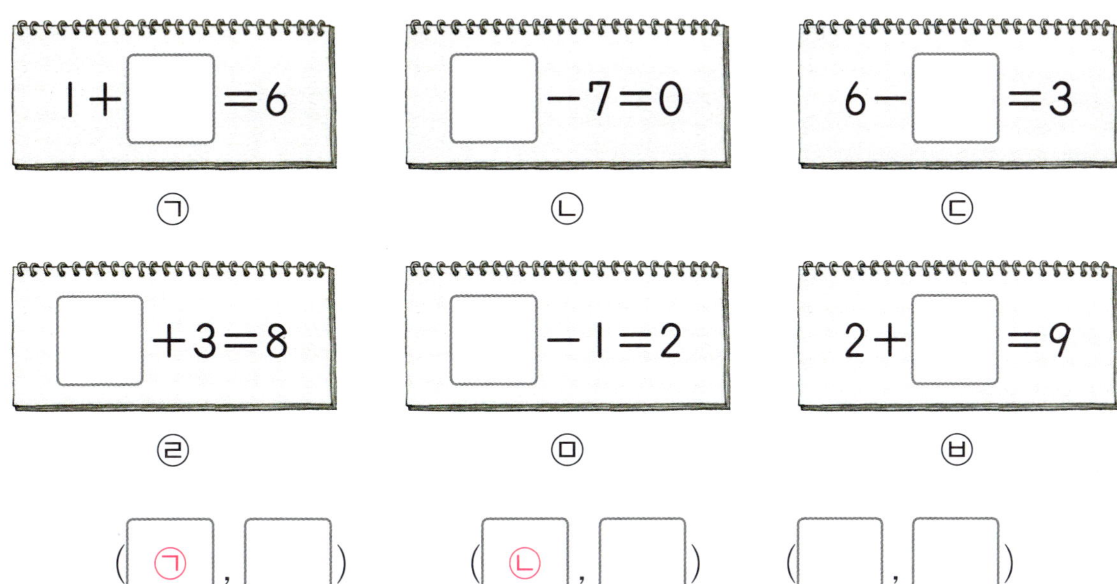

[올바른 식]

2 식이 맞도록 ⬜ 안에 알맞은 수를 찾아 ◯표 하시오.

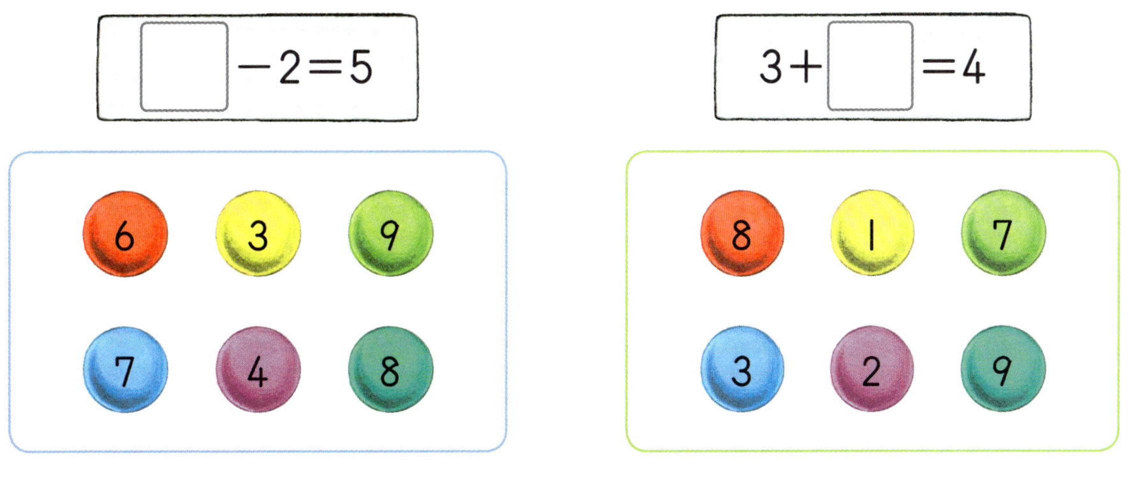

8 더하고 더하고

꼬마 요괴가 다음과 같은 장난감을 사려고 할 때 내야 하는 금화의 수를 구하려고 합니다. 다음 덧셈식을 완성하시오.

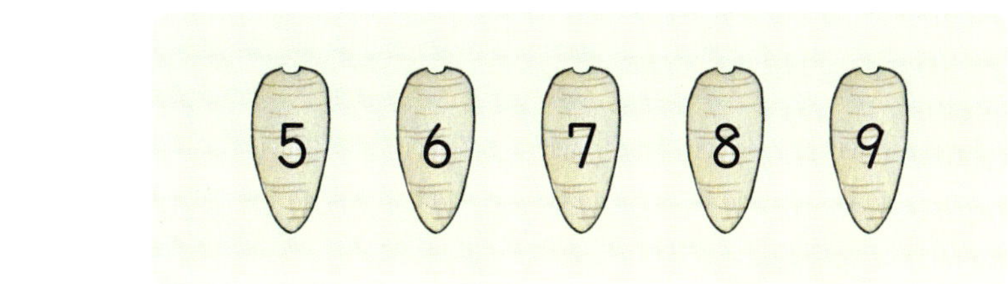

카드 요정 3명의 카드에 쓰여 있는 수의 합과 같은 수가 적힌 무를 찾아 무 스티커를 붙이시오.

세 수의 덧셈과 뺄셈은 앞에서부터 순서대로 계산합니다.

$$2+1+6=\boxed{9} \qquad 9-3-4=\boxed{2}$$

빼고 빼고

태돌이와 친구들이 피자를 나누어 먹습니다. 대화를 보고 남는 피자 조각의 수를 구하시오.

1 열기구의 ☐ 안에 계산 결과를 써넣으시오.

기차 태우기

다음 식을 계산하고 계산 결과에 맞게 동물들을 기차의 각 칸에 태우시오.

$9 - 1 - 4 =$ ☐

$6 + 2 + 1 =$ ☐

$2 + 3 + 2 =$ 7

$4 + 2 + 2 =$ ☐

$8 - 4 - 3 =$ ☐

1 계산 결과가 같은 것끼리 선으로 이으시오.

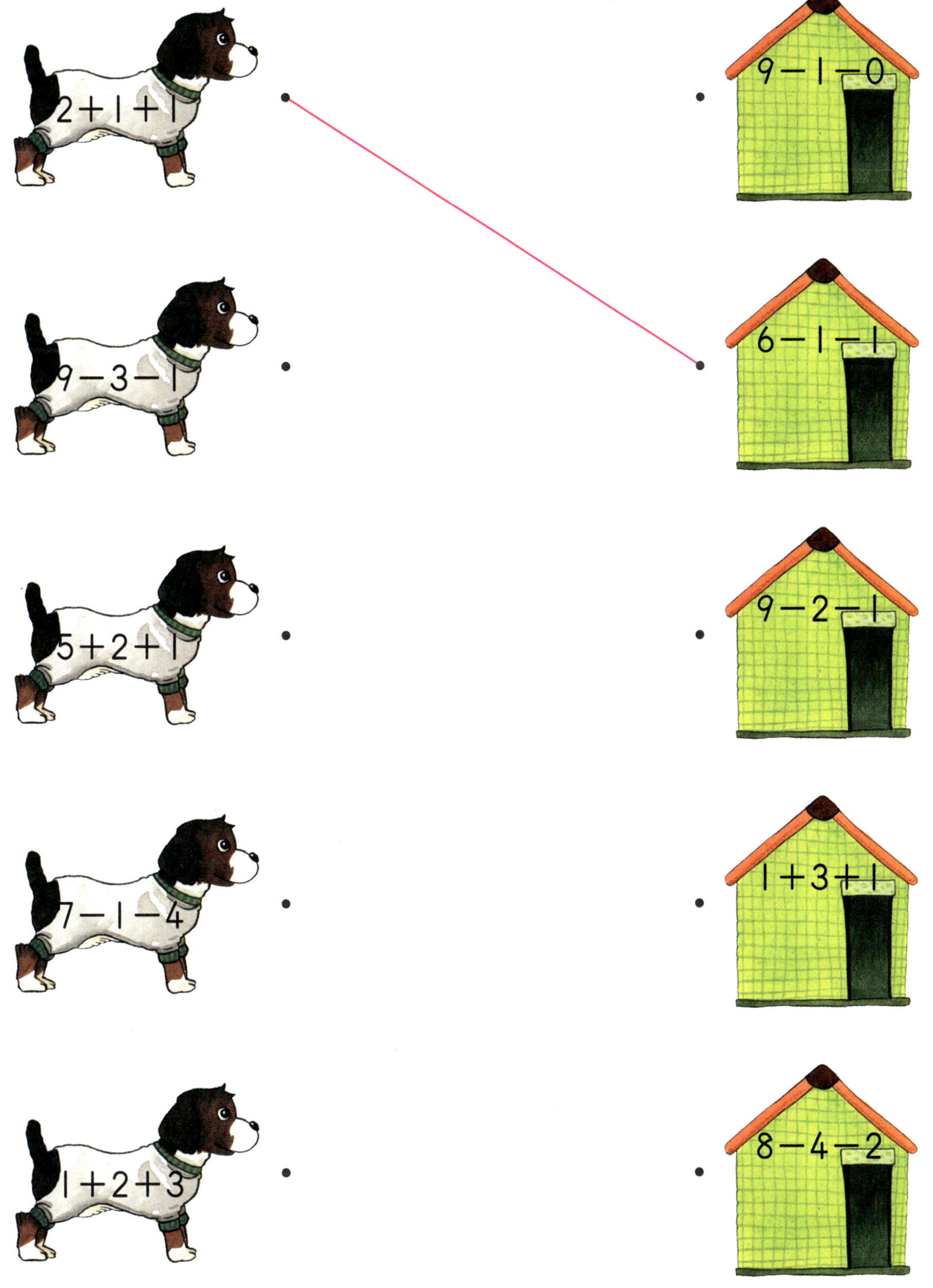

사탕 상자에 현우는 사탕을 넣고, 큐리는 사탕을 꺼내 먹습니다. 현우가 넣은 사탕의 수만큼 ○를 그리고, 큐리가 먹은 수만큼 /로 지워 계산을 하시오.

빼는 수만큼 /로 지우고, 더하는 수만큼 ◯를 그려 계산을 하시오.

$6-4+3=\boxed{5}$ 

$3-3+7=\boxed{}$ 

$8-5+2=\boxed{}$ 

$5-1+4=\boxed{}$ 

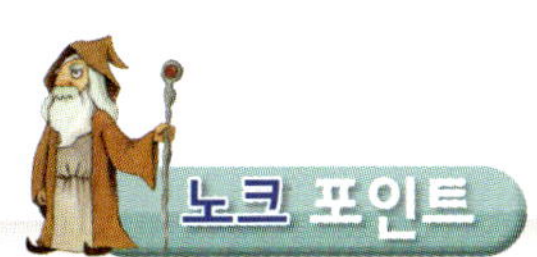

덧셈, 뺄셈이 섞여 있는 세 수의 계산은 앞에서부터 순서대로 계산합니다.

$$6+2-5=\boxed{3}$$
$$9-7+4=\boxed{6}$$

강아지가 가장 빠른 길로 미로를 통과하여 뼈다귀에 가려고 합니다. 지나는 식의 계산 결과를 차례로 쓰시오.

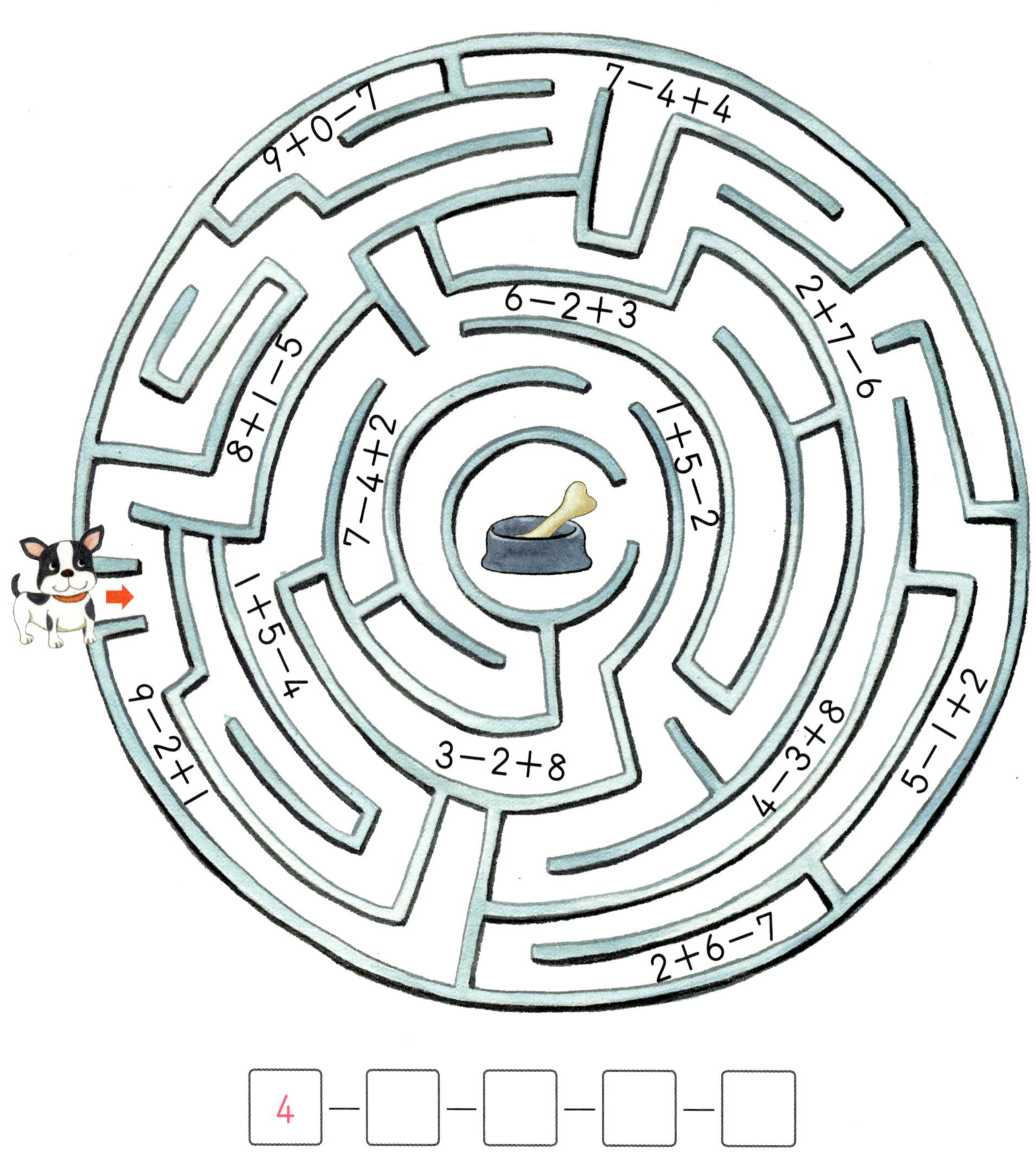

4 − □ − □ − □ − □ − □

1 계산 결과가 작은 것부터 차례로 연결하여 그림을 완성하시오.

# 식 완성

주어진 구슬 스티커를 식의 빈 곳에 붙여서 식을 바르게 완성하시오.

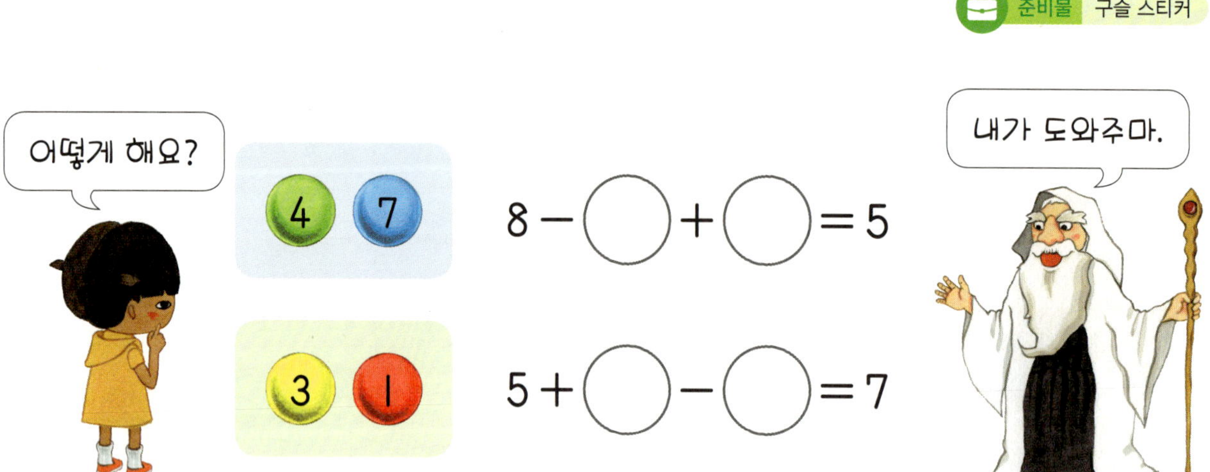

❶ 식의 가장 앞의 수와 계산 결과의 크기를 비교하여 ◯ 안에 > 또는 <를 써넣으시오.

$$8 - \bigcirc + \bigcirc = 5 \qquad\qquad 5 + \bigcirc - \bigcirc = 7$$

$$8 \bigcirc 5 \qquad\qquad\qquad 5 \bigcirc 7$$

❷ ❶에서 계산 결과가 더 작은 식은 주어진 구슬 중 더 큰 수를 빼는 수(◯), 더 작은 수를 더하는 수(◯)에 붙이시오.

❸ ❶에서 계산 결과가 더 큰 식은 주어진 구슬 중 더 큰 수를 더하는 수(◯), 더 작은 수를 빼는 수(◯)에 붙이시오.

1 숫자 카드의 수를 한 번씩 모두 사용하여 다음 식을 완성하시오.

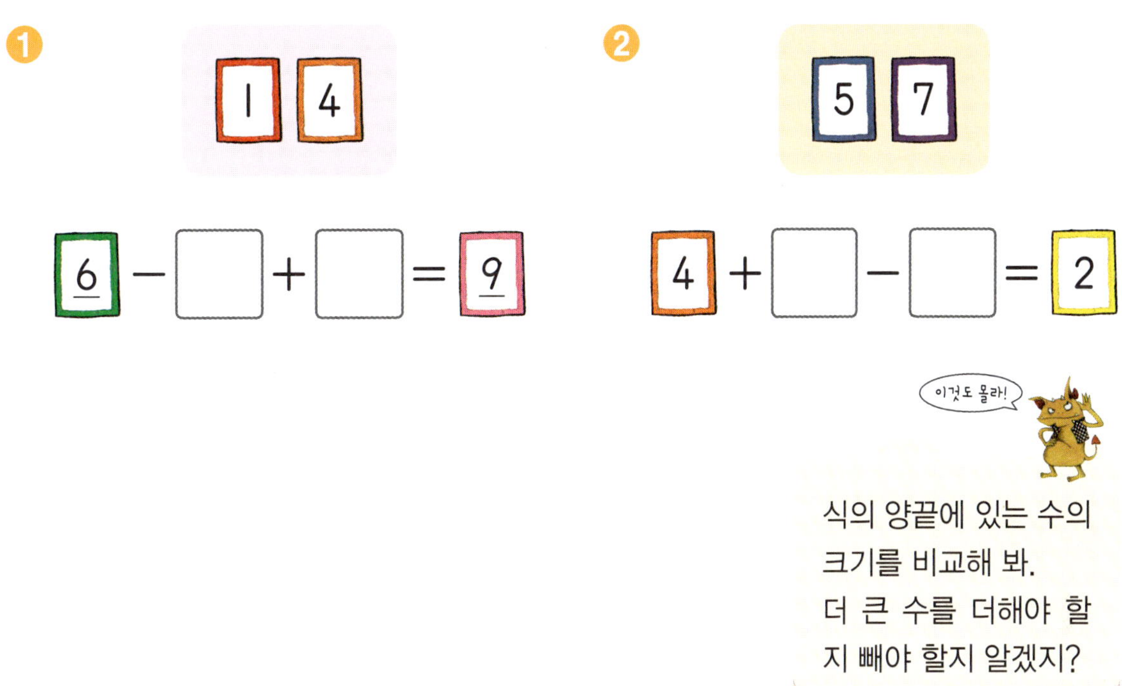

2 원판 안의 수 중 두 수를 사용하여 다음 식을 완성하시오.

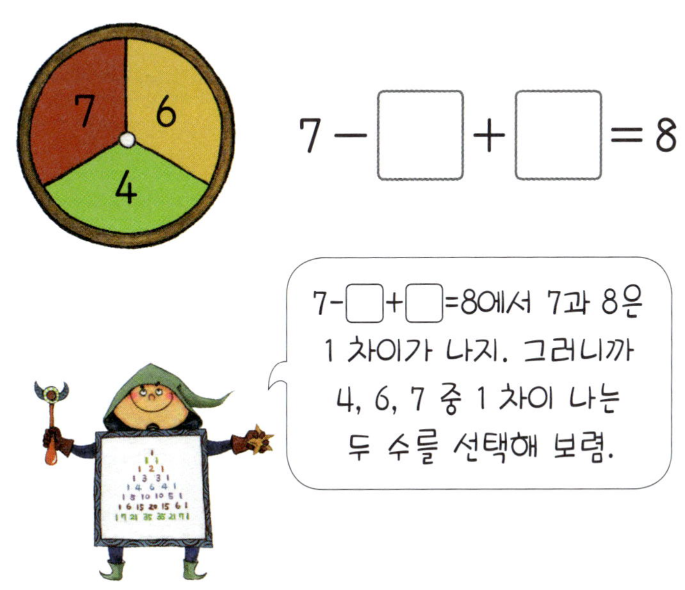

창의적 문제해결력

1 저울이 어느 쪽으로도 기울지 않도록 다음과 같이 추를 놓았습니다. 각 추의 무게가 추에 적힌 수와 같을 때 추의 무게를 구하시오.

❶ 저울이 기울지 않는 것은 저울의 양쪽에 놓인 추의 무게가 같기 때문입니다. 식의 ☐ 안에 알맞은 수를 써넣으시오.

$$\boxed{} + \boxed{} + \text{◉} = 9$$

❷ ❶의 식에서 앞 두 수의 합을 구하여 오른쪽 식의 ☐ 안에 써넣고 식을 완성하시오.

$$\boxed{} + \boxed{} + \text{◉} = 9 \quad \Rightarrow \quad \boxed{} + \text{◉} = \boxed{}$$

❸ ❷의 식을 이용하여 추의 무게를 구하시오.

2 다음 요괴 카드는 1부터 9까지의 수 중 각각 다른 수를 나타냅니다.

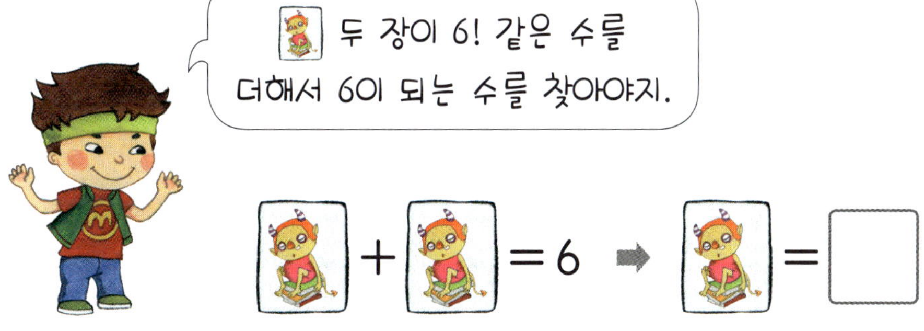

Chapter 4 퍼즐과 연산

합이 같은 두 수

한입 요괴와 같이 두 수의 합이 주어진 수가 되는 두 수를 모두 찾아 선을 이으시오.

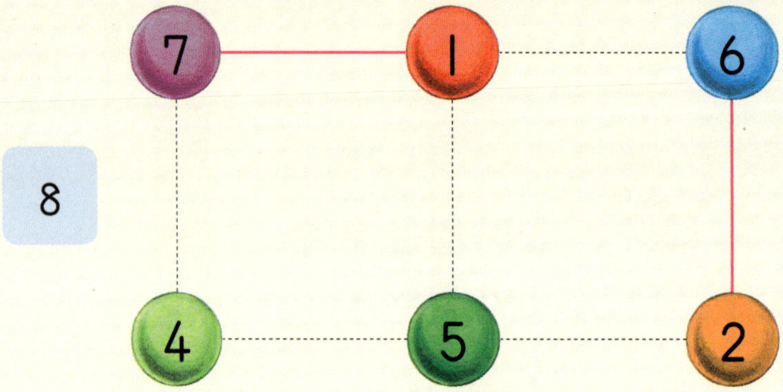

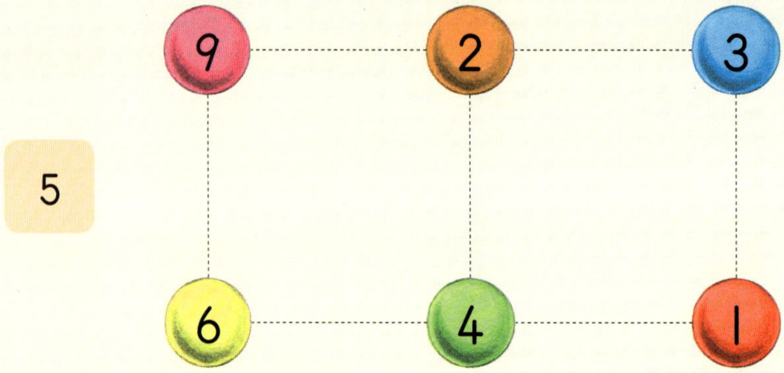

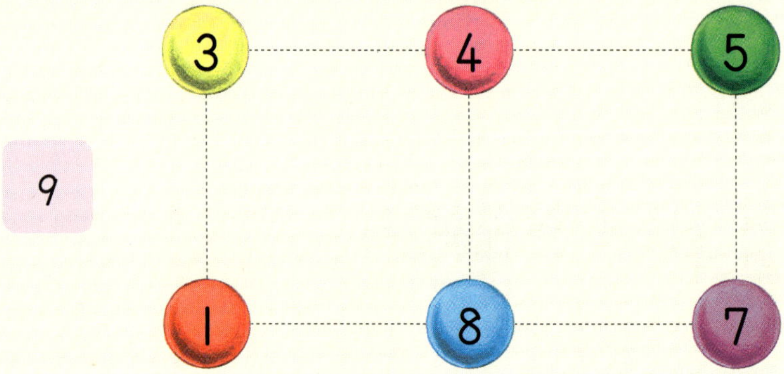

① 네 수를 합이 같은 두 수씩 짝을 지을 때는 가장 작은 수와 가장 큰 수, 나머지 두 수를 짝짓습니다.

1 3 5 7 ➡ (1 , 7), (3 , 5)

② 네 수를 차가 같은 두 수씩 짝을 지을 때는 가장 작은 수와 세 번째 작은 수, 나머지 두 수를 짝짓습니다.

1 3 5 7 ➡ (1 , 5), (3 , 7)

차가 같은 두 수

색칠된 ● 안의 수가 차가 되는 두 수를 모두 찾아 선으로 이으시오.

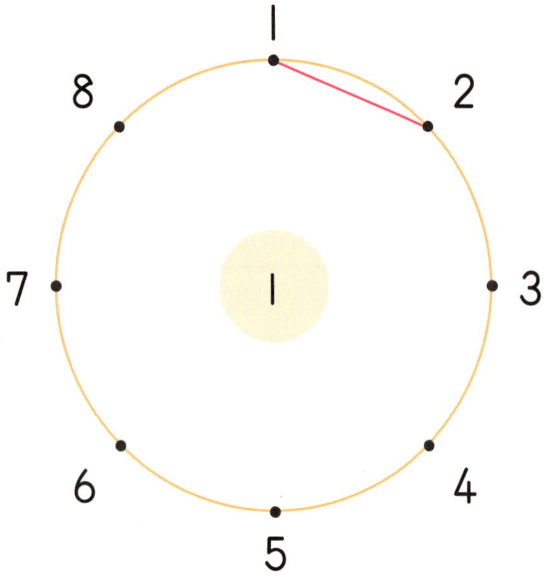

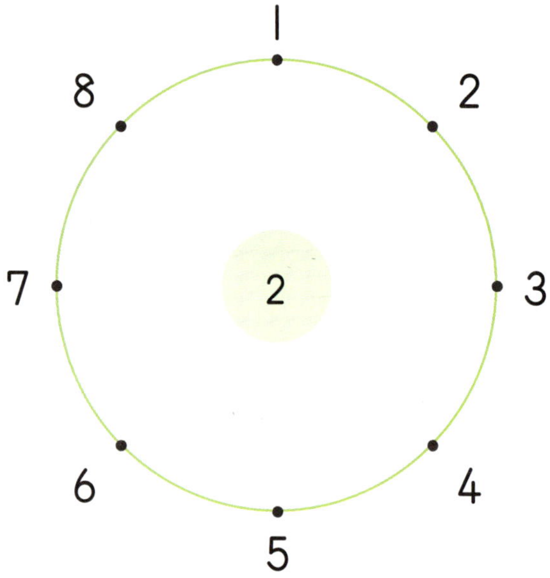

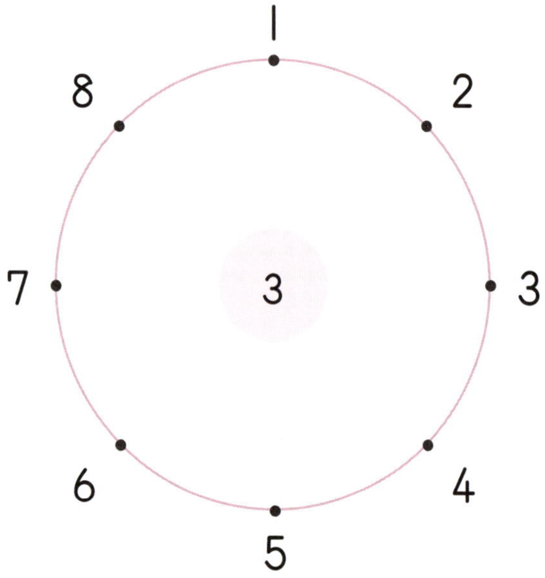

1 주어진 숫자 카드를 차가 같도록 두 장씩 짝을 지으시오.

①

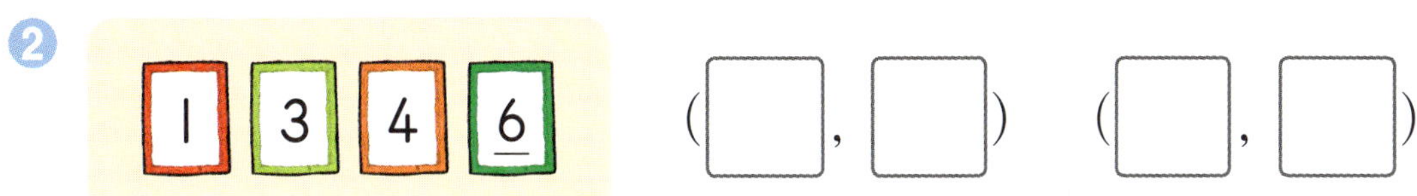

$\boxed{2}\ \boxed{4}\ \boxed{5}\ \boxed{7}$　　(□ , □)　　(□ , □)

②

$\boxed{1}\ \boxed{3}\ \boxed{4}\ \boxed{6}$　　(□ , □)　　(□ , □)

[차가 같은 두 수]

2 두 수의 차가 같은 경우가 2가지 있습니다. 차가 같은 두 수끼리 선으로 이으시오.

①

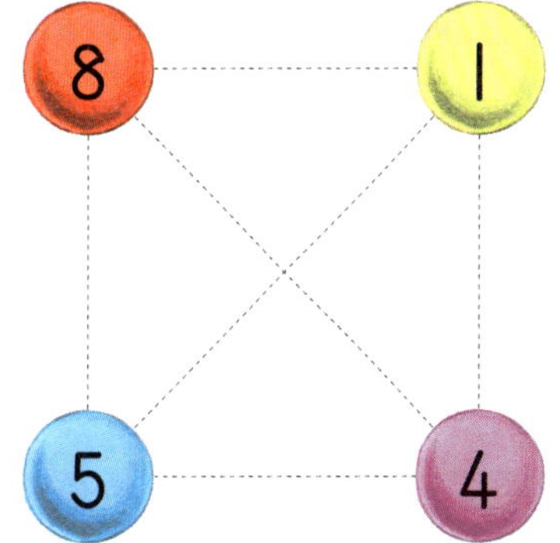

②

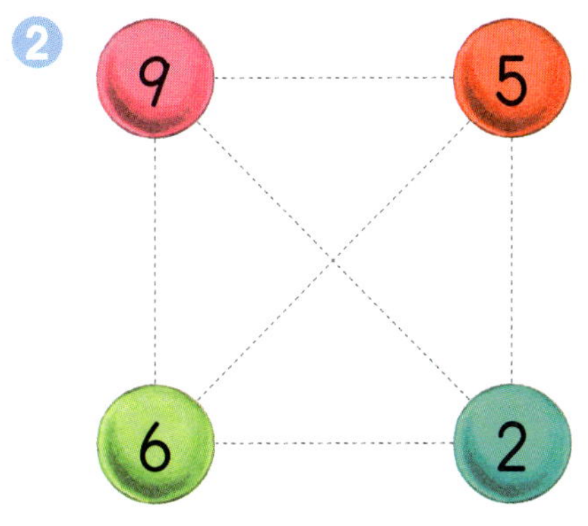

수 묶기

가로 또는 세로 줄에 놓인 세 수의 합이 꼬마 요괴가 말하는 수가 되는 세 수를 찾아 ◯로 묶으시오.

2	2	4
1	5	2
1	3	3

1	4	4
3	2	5
3	2	1

5	2	1
1	5	3
2	3	1

5	4	1
1	2	2
2	1	4

1 여섯 개의 수를 세 수씩 나누었습니다. 나누어진 세 수의 합이 같도록 빈칸
에 알맞은 수를 써넣으시오.

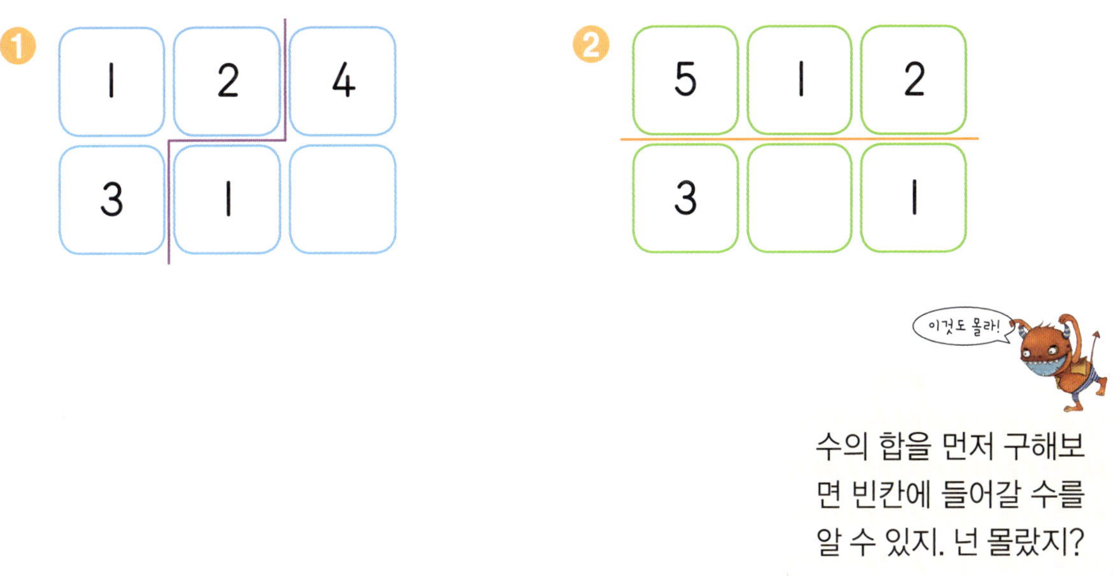

2 보기 와 같이 수의 합이 같도록 꼬치를 두 부분으로 나누어 보시오.

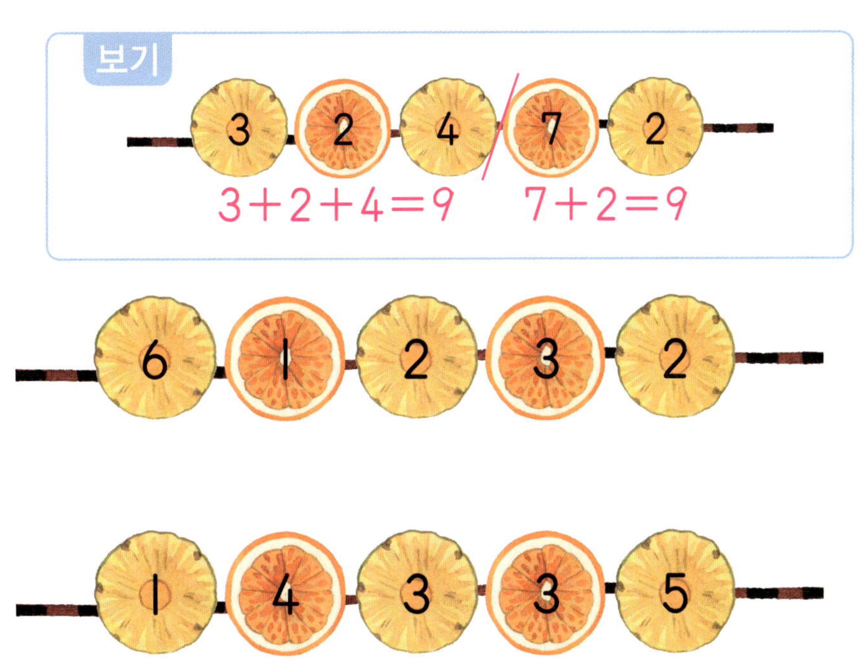

숨겨진 식 찾기

마법 나라의 새들은 숫자가 적힌 알을 낳습니다. 가로줄과 세로줄에 놓인 수 중 세 수를 찾아 덧셈식을 완성하시오.

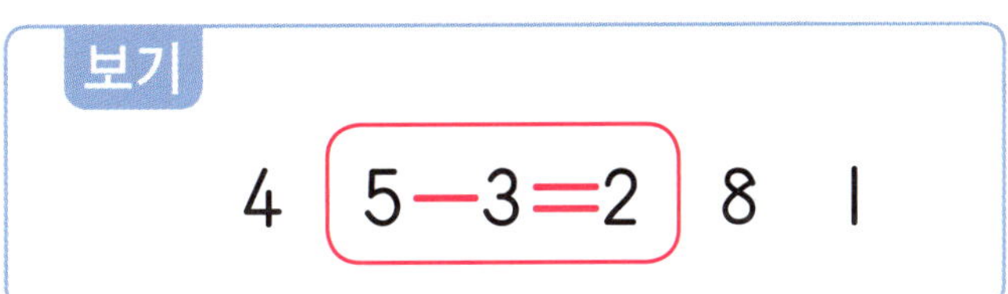

보기 와 같이 이웃한 세 수를 찾아 뺄셈식을 완성하시오.

3　1　6　2　4　5

9　8　1　5　3　6

8　4　1　3　6　7

7　2　3　8　6　2

덧셈식 1＋3＝4에서 하나의 식을 이루는 (1, 3, 4)를 가족수라고 합니다.

① 가족수 중 가장 큰 수를 계산 결과에 놓아 덧셈식을 만들 수 있습니다.
$$1＋3＝4 \qquad 3＋1＝4$$

② 가족수 중 가장 큰 수를 식의 가장 앞에 놓아 뺄셈식을 만들 수 있습니다.
$$4－3＝1 \qquad 4－1＝3$$

숫자 카드나 수 공을 이용하여 합이 가장 큰 식을 만들 때에는 주어진 수 중 가장 큰 수와 두 번째 큰 수의 합을 구하고, 차가 가장 큰 식을 만들 때에는 주어진 수 중 가장 큰 수와 가장 작은 수의 차를 구합니다.

식 완성하기

꼬마 요괴들이 구슬 4개를 이용하여 식 2개를 만들고 구슬을 상자 안에 넣었습니다. 꼬마 요괴들이 사용한 구슬을 모두 꺼내어 식을 완성하시오.

$$7 + 1 = 8$$
$$\bigcirc - \bigcirc = 2$$

$$\bigcirc + \bigcirc = 6$$
$$\bigcirc - \bigcirc = 5$$

$$\bigcirc + \bigcirc = 9$$
$$\bigcirc - \bigcirc = 3$$

1 다음 계산기에서 숫자가 지워진 버튼은 누르지 않습니다. 다음 계산 결과를 보고 서로 다른 2가지 덧셈식을 완성하시오.

식 1 ☐ + ☐ = 6

식 2 ☐ + ☐ = 6

2 다음 꼬치에 있는 수 중 세 수를 사용하여 만들 수 있는 덧셈식과 뺄셈식을 1가지씩 만드시오.

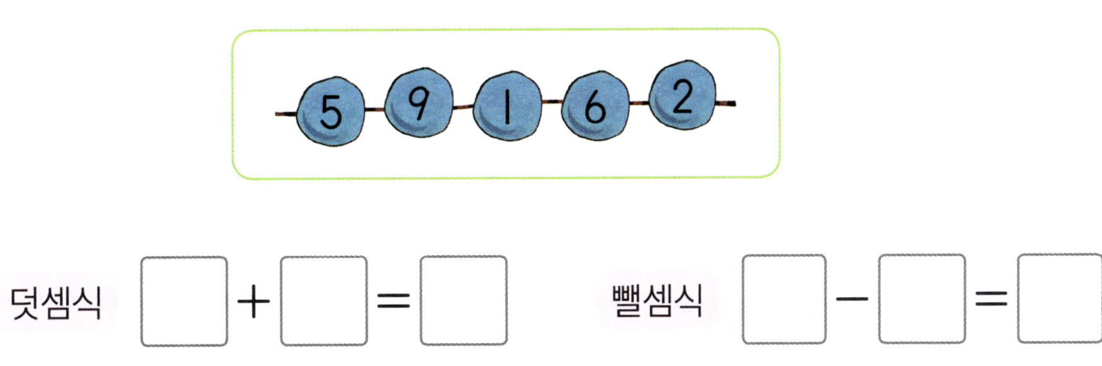

덧셈식 ☐ + ☐ = ☐   뺄셈식 ☐ − ☐ = ☐

원하는 식 만들기

두 꼬마 요괴가 각자 상자 안의 구슬 중 2개를 꺼내 한 번씩만 사용하여 식을 만든 뒤 다시 상자 안에 구슬을 넣었습니다. 두 꼬마 요괴가 만든 식을 알아보시오.

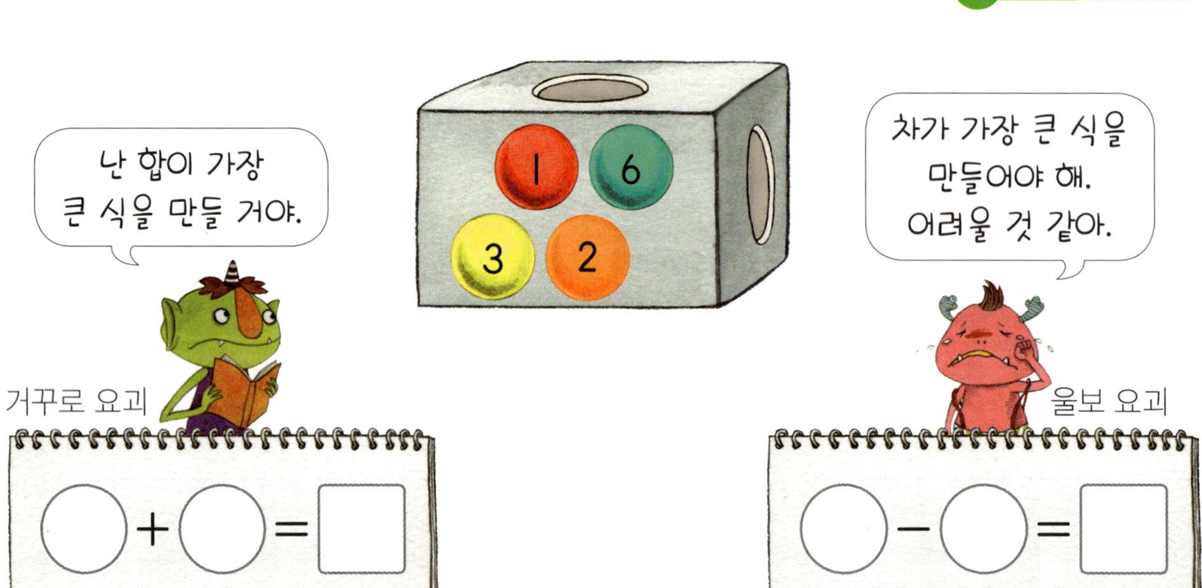

❶ 상자 안에 있는 구슬 중에서 큰 수가 적힌 구슬부터 차례로 ◯ 안에 구슬 스티커를 붙이시오.

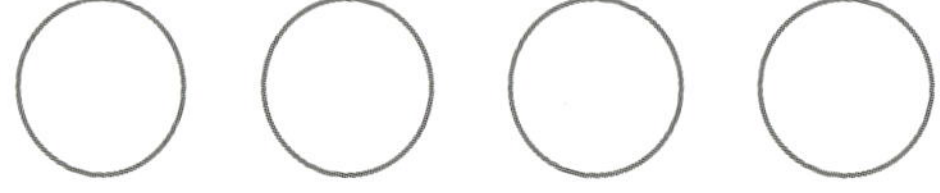

❷ 합이 가장 큰 식은 주어진 수 중 가장 큰 수와 두 번째 큰 수를 사용하여 만듭니다. 구슬 스티커를 사용하여 거꾸로 요괴의 식을 완성하시오.

❸ 차가 가장 큰 식은 주어진 수 중 가장 큰 수와 가장 작은 수를 사용하여 만듭니다. 구슬 스티커를 사용하여 울보 요괴의 식을 완성하시오.

1 주어진 숫자 카드 중 2장을 사용하여 차를 구할 때 나올 수 없는 수의 기호를 모두 찾아 쓰시오.

❶ | 9 | 2 | 5 |　　　㉠ 7　　㉡ 3　　㉢ 4　　㉣ 5　　㉤ 6

❷ | 3 | 8 | 7 |　　　㉠ 7　　㉡ 1　　㉢ 5　　㉣ 3　　㉤ 4

[가장 큰 식, 가장 작은 식]

2 주어진 수 중 세 수를 한 번씩 사용하여 덧셈식을 만들려고 합니다. 만들 수 있는 합이 가장 큰 식과 합이 가장 작은 식을 쓰시오.

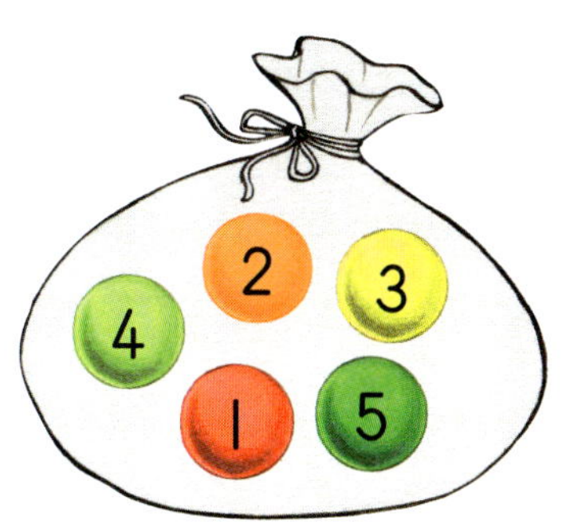

합이 가장 큰 식　　　　　　　합이 가장 작은 식

☐ + ☐ = ☐　　　　　　　☐ + ☐ = ☐

미로 통과

동물들이 미로를 통과하며 만나는 세 수의 합을 ☐ 안에 써넣으시오.

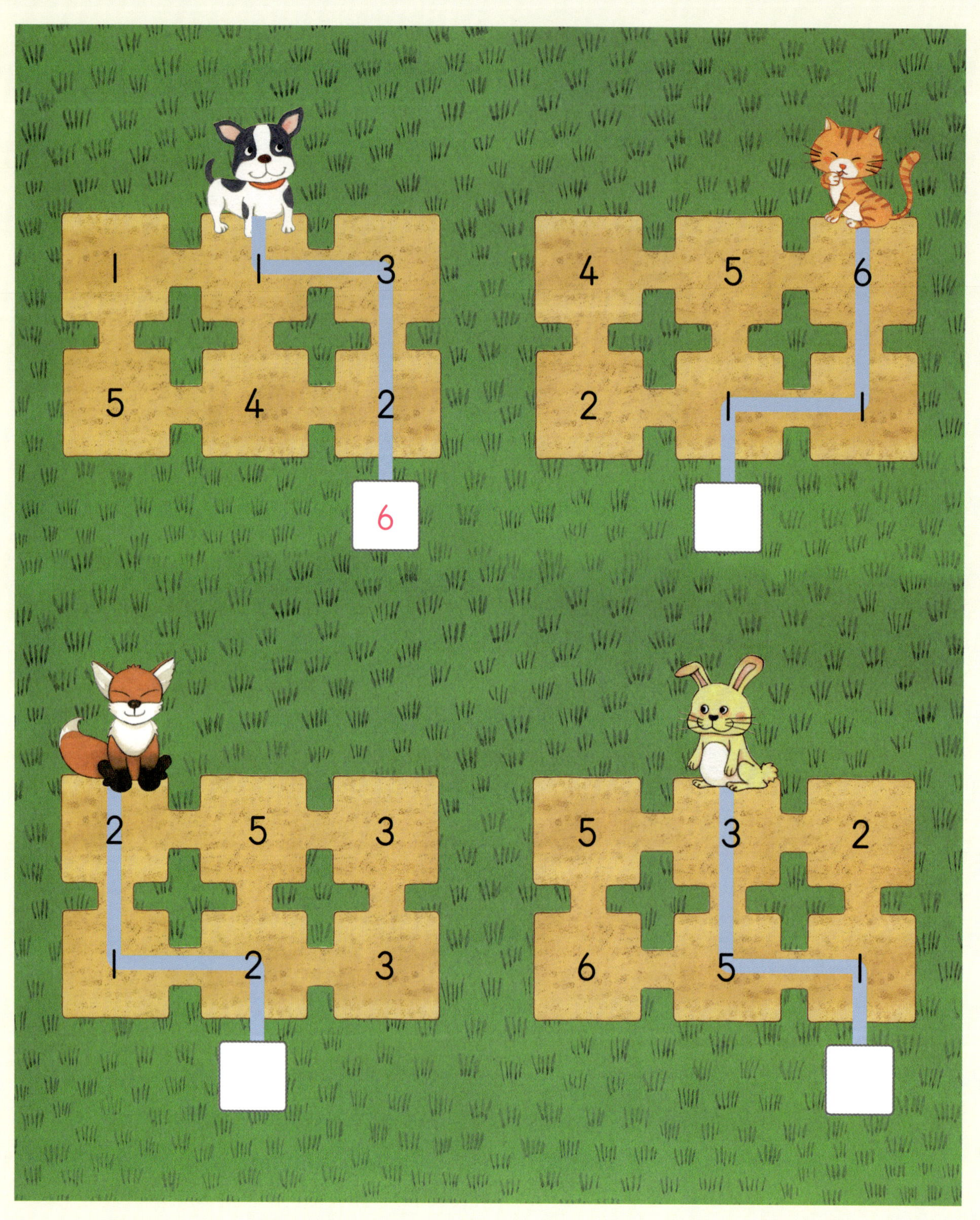

미로를 통과하면서 만난 세 수의 합이 꼬마 요괴가 말한 수가 되도록 요괴가 지나는 길을 선으로 나타내시오.

연산 놀이에는 미로 퍼즐, 사다리타기, 화살표 연산이 있습니다.

① 미로 퍼즐은 미로를 통과하면서 길 위의 연산을 계산하는 것입니다.
② 사다리타기는 사다리를 타고 내려오면서 길 위의 수나 물건의 수를 차례로 더하는 것입니다.
③ 화살표 연산은 모양이 다른 화살표에 연산 약속을 정하고 약속에 따라 계산하는 것입니다.

사다리타기

대충이 요괴가 사다리를 타고 내려가며 모은 젤리를 상자에 넣습니다. 대충이 요괴가 모은 젤리의 수를 알아봅시다.

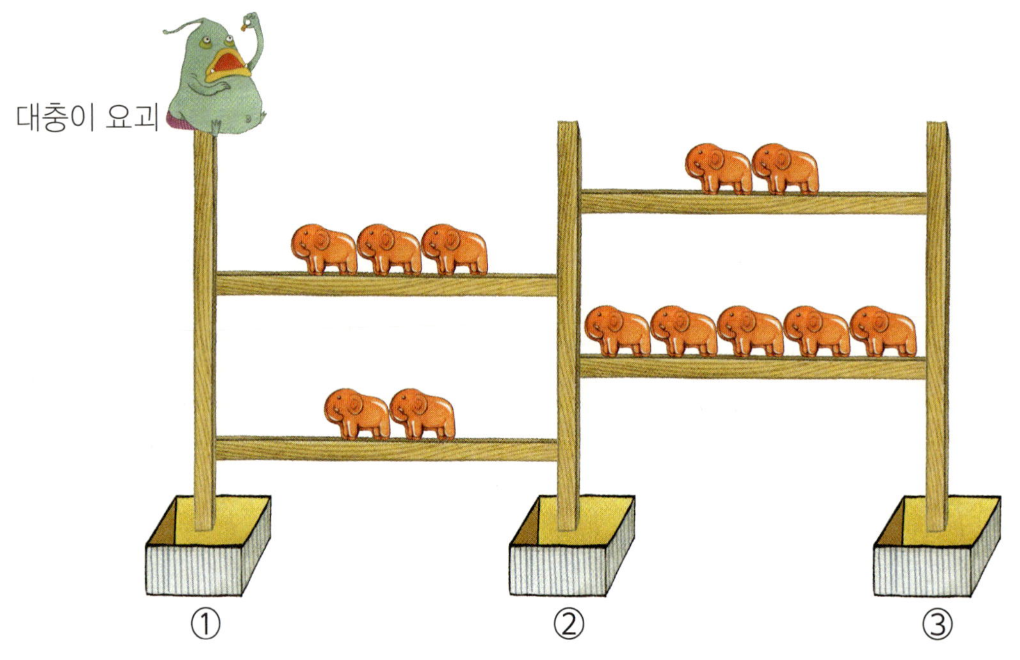

❶ 대충이 요괴가 사다리를 타고 내려오면 몇 번 상자에 젤리를 넣습니까?

❷ 대충이 요괴가 사다리를 타고 내려오면서 모은 젤리의 수를 덧셈식을 사용하여 알아보려고 합니다. ☐ 안에 알맞은 수를 써넣으시오.

$$\boxed{3} + \boxed{} = \boxed{}$$

❸ 대충이 요괴가 모은 젤리는 몇 개입니까?

1 잠만자 요괴와 멍하니 요괴가 사다리를 타고 내려가며 마법의 알약을 모읍니다. 각 요괴들이 모으는 알약의 수를 구하시오.

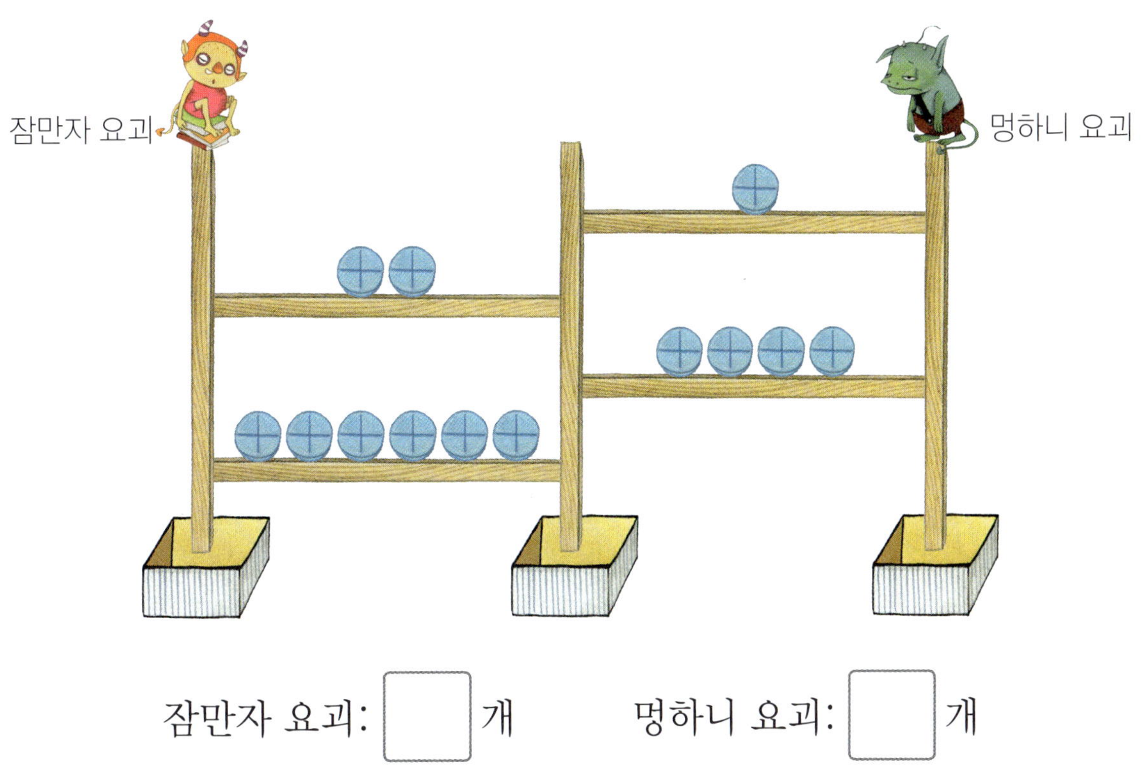

잠만자 요괴: ☐ 개　　　멍하니 요괴: ☐ 개

❶ 잠만자 요괴와 멍하니 요괴가 사다리를 타고 내려오는 길을 각각 선을 그어 나타내시오.

❷ 잠만자 요괴와 멍하니 요괴가 모으는 마법의 알약의 수를 덧셈식을 사용하여 구하시오.

잠만자 요괴: ☐ + ☐ = ☐ (개)

멍하니 요괴: ☐ + ☐ + ☐ = ☐ (개)

화살표 연산

현우는 다음과 같은 약속 을 정하였습니다. 약속에 따라 다음 계산을 하시오.

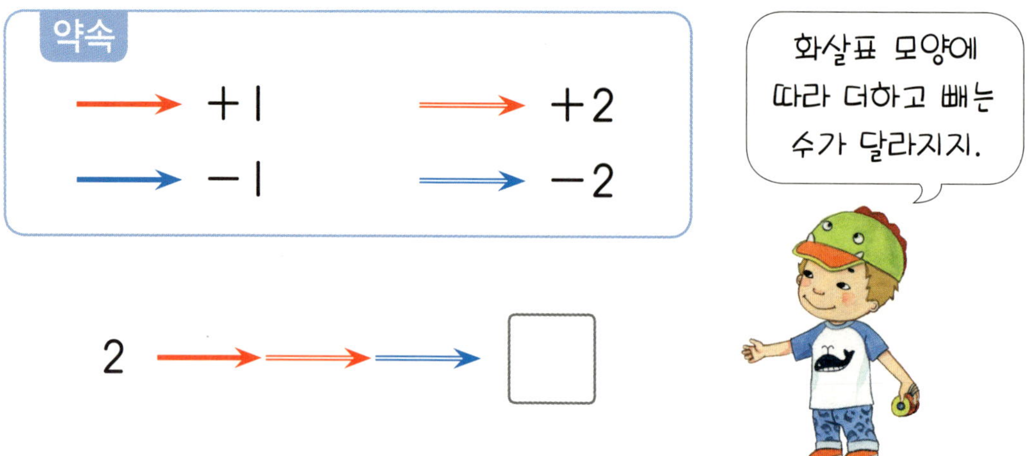

❶ → 는 +1을 약속한 것입니다. 다음 ☐ 안에 알맞은 수를 써넣으시오.

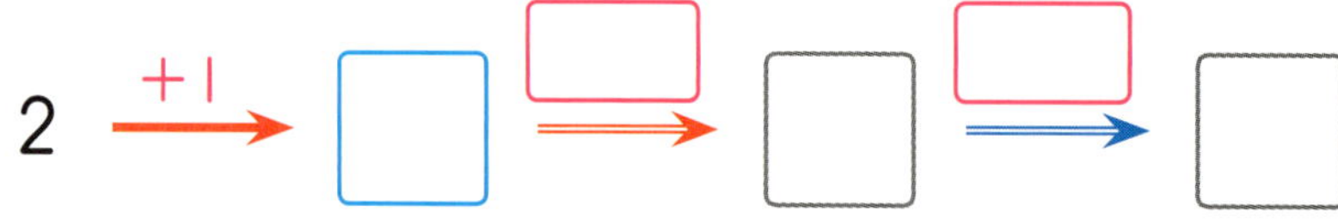

❷ ❶의 ⇒, ⇒ 위의 ☐ 안에 화살표 약속을 써넣으시오.

❸ 화살표 약속에 따라 계산하여 ❶의 ☐ 안에 알맞은 수를 써넣으시오.

1 왼쪽 현우의 약속에 따라 다음 계산을 하시오.

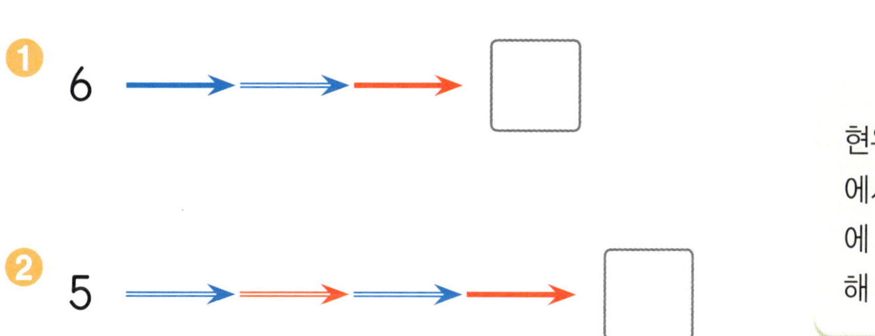

현우가 했던 것처럼 앞에서부터 화살표 약속에 따라 차례대로 계산해 보렴.

[양궁]

2 태돌이는 빨간색 화살이 꽂힌 곳의 수는 더하고 파란색 화살이 꽂힌 곳의 수는 빼기로 약속하고 양궁을 하고 있습니다. 다음을 보고 계산을 하시오.

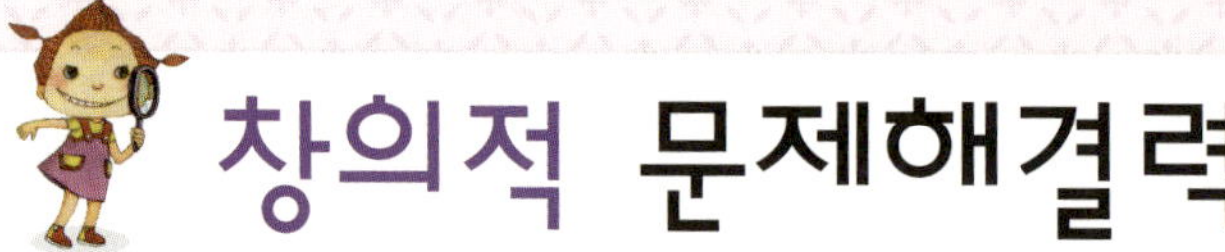

1. 강아지가 길을 따라 가며 세 수의 계산을 합니다. 보기와 같이 계산 결과에 맞게 강아지가 가는 길을 선으로 나타내시오.

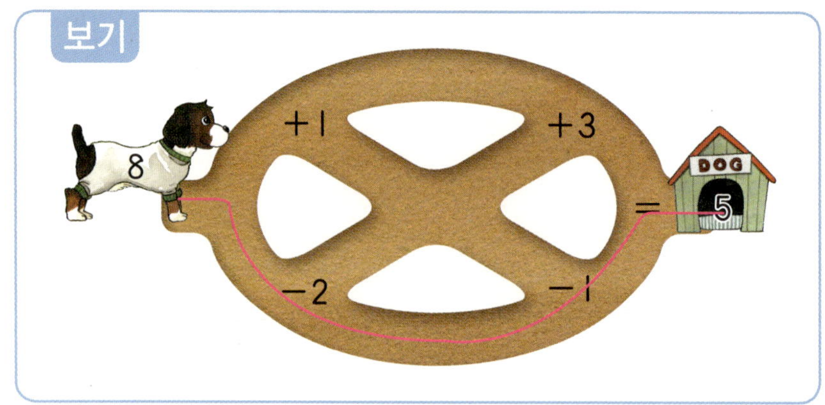

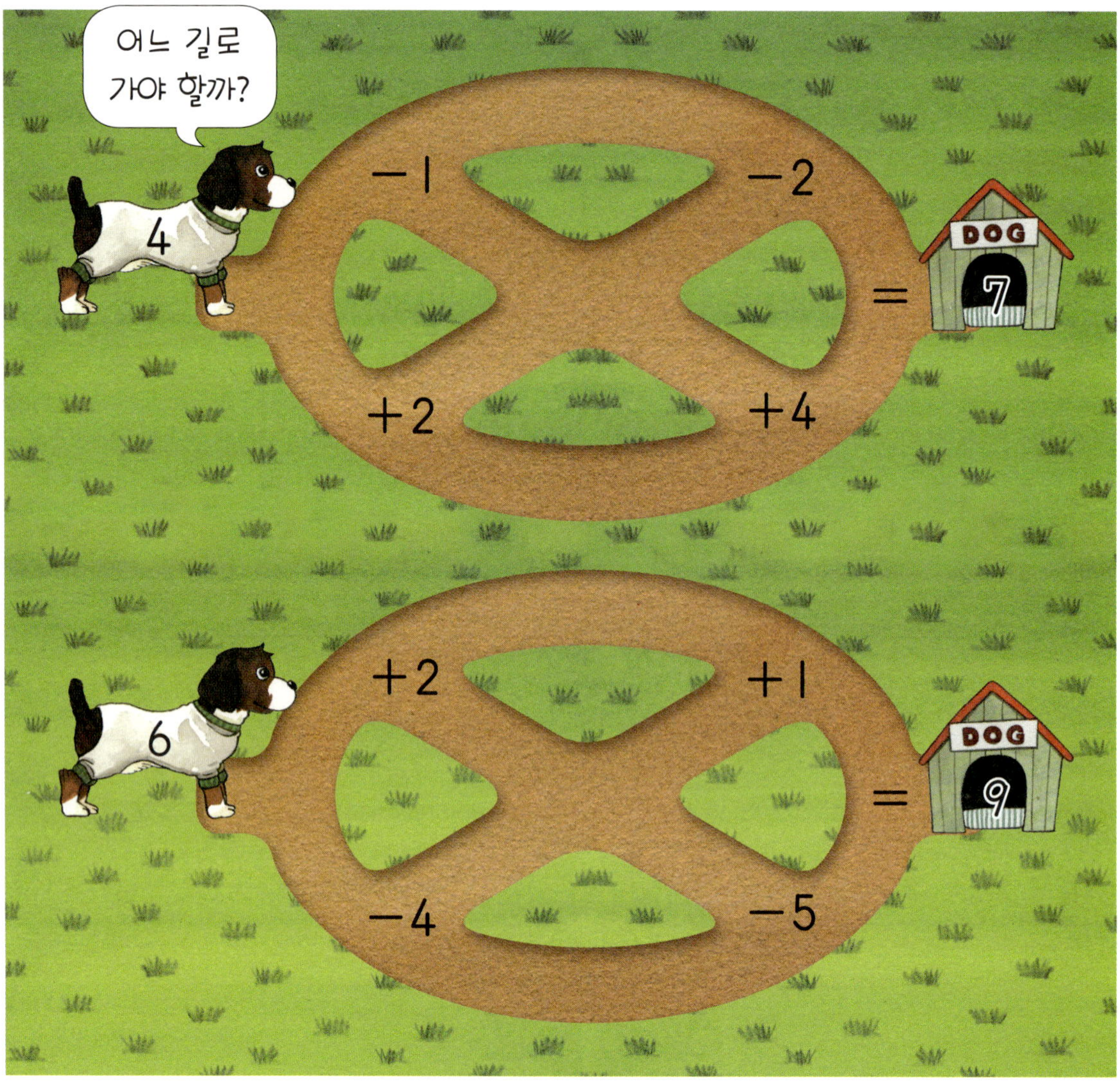

2   1부터 5까지의 수를 한 번씩 모두 사용하여 한 줄에 놓인 세 수의 합이 같도록 만들었습니다. 빈 곳에 알맞은 수를 써넣으시오.

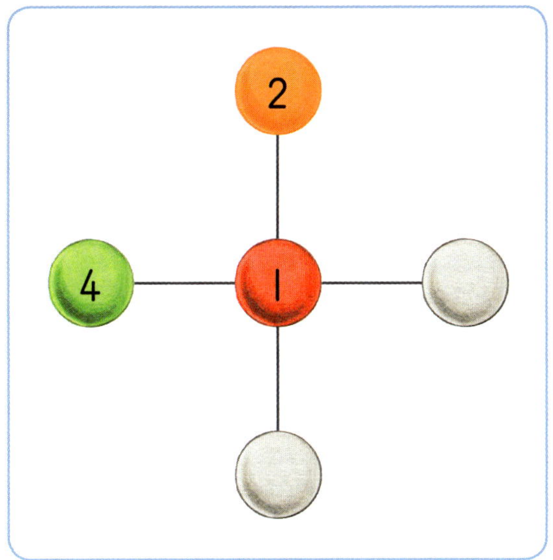

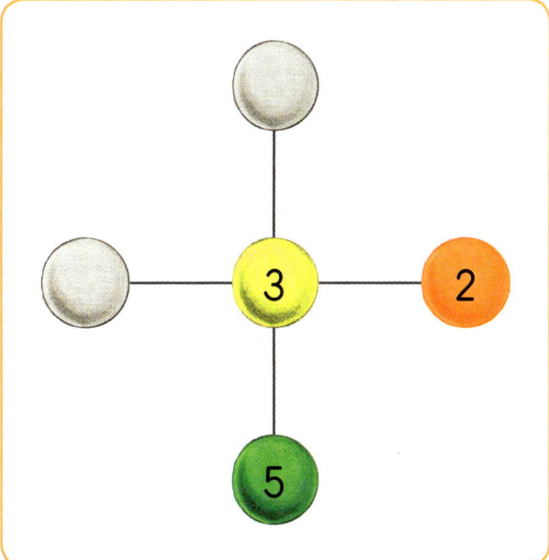

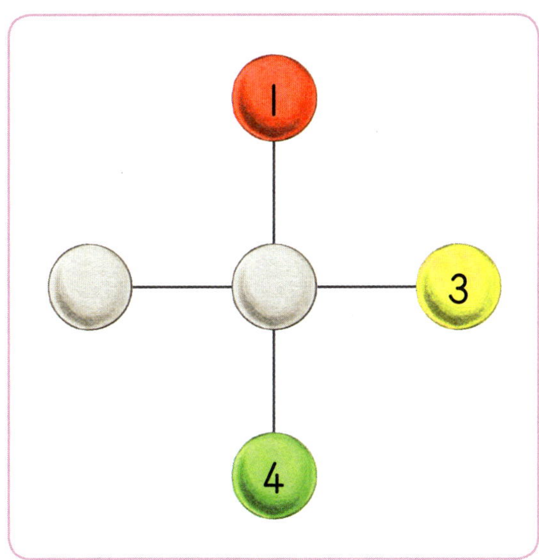

MEMO

정답및 해설

천재교육

누구나 쉽고 재미있게
사고력 수학
노크

정답 및 해설

PA5
(7~8세)

연산

가르기, 모으기

1 동물의 다리

두 동물의 다리를 모으면 8이 되도록 선으로 이으시오.

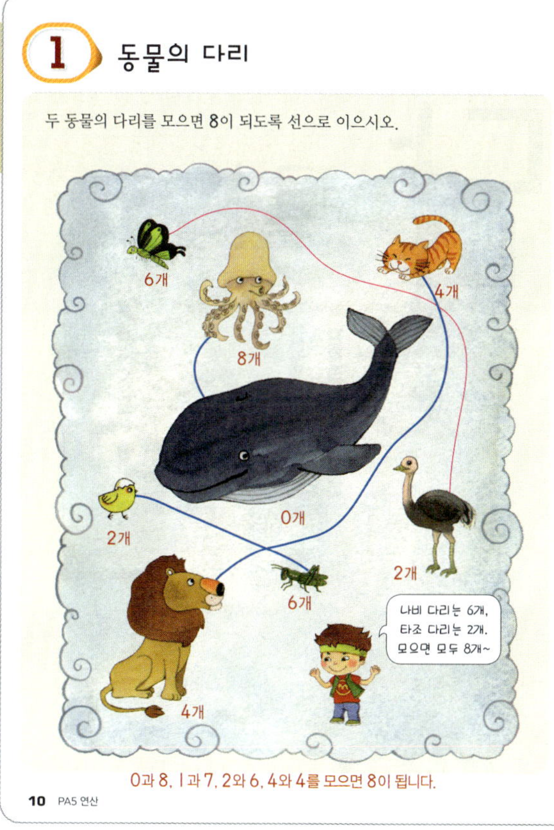

0과 8, 1과 7, 2와 6, 4와 4를 모으면 8이 됩니다.

쿠키 8개를 2가지 방법으로 두 접시에 나누어 담아 보시오.

손으로 쿠키 스티커

예 방법 1   방법 2

쿠키를 1개와 7개, 2개와 6개, 3개와 5개, 4개와 4개로 나누어 담을 수 있습니다.

도형 포인트

8을 두 수로 가르는 방법은 여러 가지가 있습니다.

8   8   8   8
↙↘   ↙↘   ↙↘   ↙↘
1 7   2 6   3 5   4 4

두 수를 모아 6이 되는 방법은 여러 가지가 있습니다.

1 5   2 4   3 3
↘↙   ↘↙   ↘↙
6   6   6

가르기 모으기 1

보기 와 같이 상자에 공을 넣으면 가르기 또는 모으기를 하여 공이 나옵니다. 바구니에 담길 공의 수를 알아봅시다.

❶ 오른쪽은 공의 수를 나타낸 것입니다. 가르기 또는 모으기를 하여 ○ 안에 알맞은 수를 써넣으시오.

2 4   7
↘↙   ↙↘
6   2 5

2와 4를 모으면 6, 7은 2와 5로 가르기 됩니다.

❷ 바구니의 ☐ 안에 알맞은 수를 써넣으시오.

[도미노]

1 도미노마다 점을 모으면 9가 되도록 빈 곳에 ●을 그리시오.

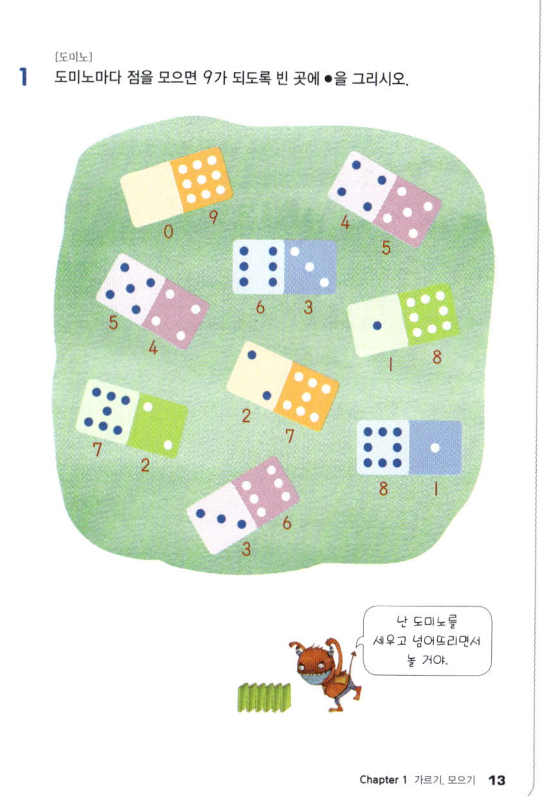

가르기 모으기 2

14
15

두 수를 모아 ■ 안의 수가 되도록 선을 이으시오.

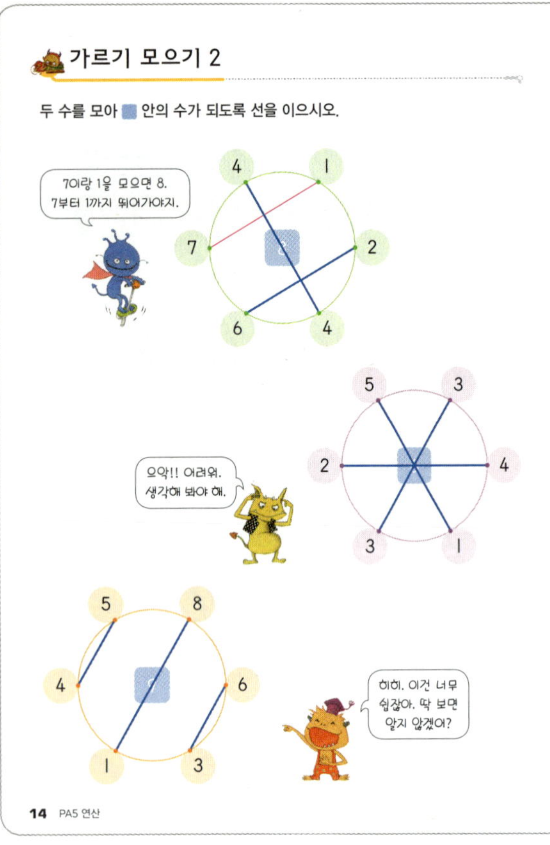

---

1 지붕 위의 세 수 중에서 모아서 구름 안의 수가 되는 두 수에 색칠하시오.

---

② 풍선이 팡!

16
17

큐리와 티나가 화살을 던져 풍선을 터뜨리는 놀이를 하고 있습니다. 화살이 꽂힌 풍선의 수를 모으면 점수가 됩니다. 점수를 □ 안에 써넣으시오.

주어진 수를 세 수로 바르게 가른 꼬치에 ◯표 하시오.

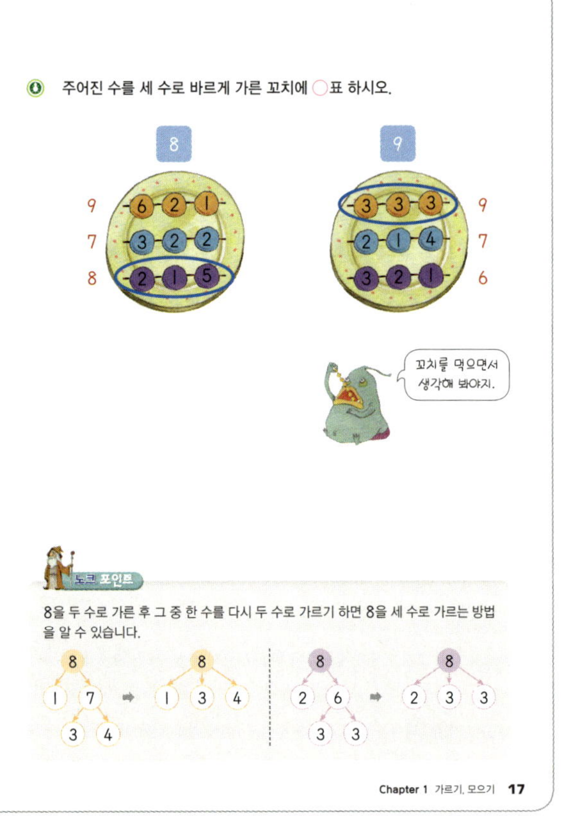

노트 포인트

8을 두 수로 가른 후 그 중 한 수를 다시 두 수로 가르기 하면 8을 세 수로 가르는 방법을 알 수 있습니다.

정답 및 해설 **3**

🧙 모아 모아

현우, 티나, 큐리, 태돌이가 각자 다른 길을 따라 마법의 성으로 갑니다. 길을 따라가며 금화 7개를 모아 성의 문지기에게 내면 성에 들어갈 수 있습니다. 성으로 가는 길을 선을 그어 나타내시오.

[모으기 9]

1 9가 되는 세 수를 묶으시오.

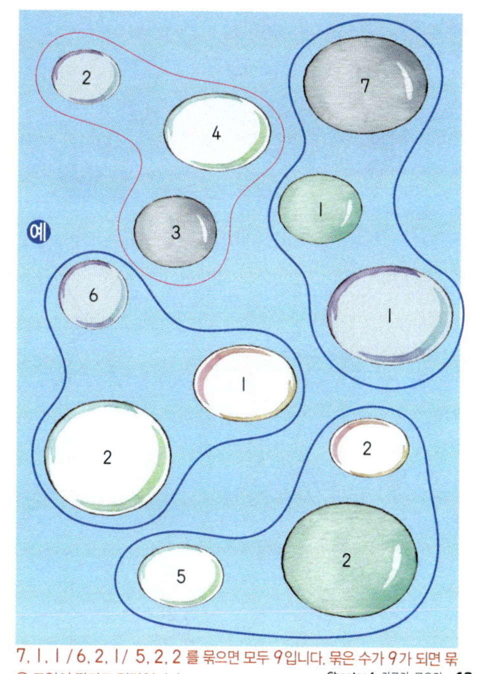

7, 1, 1 / 6, 2, 1 / 5, 2, 2 를 묶으면 모두 9입니다. 묶은 수가 9가 되면 묶은 모양이 달라도 정답입니다.

🍔 가르고 가르고

대마법사 멀린이 마법 사탕 6개를 다음 조건 에 맞게 큐리, 현우, 티나에게 나누어 줍니다. 아이들이 받은 사탕의 수를 알아봅시다.

조건

1. 아이들이 받은 사탕의 수가 모두 다릅니다.
2. 치과에 다니는 현우는 받은 사탕의 수가 가장 적습니다.
3. 큐리가 받은 사탕의 수가 가장 많습니다.

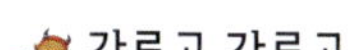

큐리: 3 개   현우: 1 개   티나: 2 개

❶ 아이들이 받은 사탕의 수가 모두 다릅니다. 6을 서로 다른 세 수로 가르기 하시오.

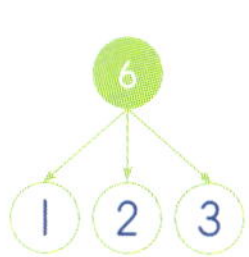

❷ ❶을 보고 조건 1에 맞게 현우가 받은 사탕의 수를 구하시오. 1개

❸ 큐리, 현우, 티나가 받은 사탕의 수를 ☐ 안에 알맞게 써넣으시오.

[달걀]

1 암탉이 둥지 3곳에 달걀을 낳았습니다. 암탉이 하는 말을 읽고 암탉이 품고 있는 달걀의 수를 ☐ 안에 써넣으시오.

 3 개

9는 4, 2, 3으로 가를 수 있습니다.

[햄스터]

2 햄스터 세 마리가 도토리 7개를 나누어 먹었습니다. 세 번째 햄스터가 먹은 도토리의 수를 ◯ 안에 써넣으시오.

먹은 도토리 수    2 개    4 개    1 개

7을 2, 4, 1로 가를 수 있습니다.

4   PA5 연산

3 10!

꼬마 요괴들이 토끼 모양 젤리를 10개씩 받은 뒤 먹고 남은 접시입니다. 꼬마 요괴들이 먹은 수 만큼 젤리 스티커를 요괴의 배에 붙이고 □ 안에 알맞은 수를 써 넣으시오.

준비물 젤리 스티커

■의 수를 모아서 10개가 되도록 두 개씩 선으로 이으시오.

노크 포인트

모아서 10이 되는 두 수가 있습니다.
(1, 9), (2, 8), (3, 7), (4, 6), (5, 5)

모으기 하여 10이 되는 두 수를 '보수'라고 하며 보수를 이용하여 받아올림, 받아내림이 있는 덧셈, 뺄셈을 빠르게 할 수 있습니다.

세 수 모아 10

태돌이는 모아서 10이 되는 세 수를 선으로 이어 마법진을 완성하려고 합니다. 마법진을 완성하면 개구리 왕자를 구할 수 있습니다. 마법진을 완성해 보시오.

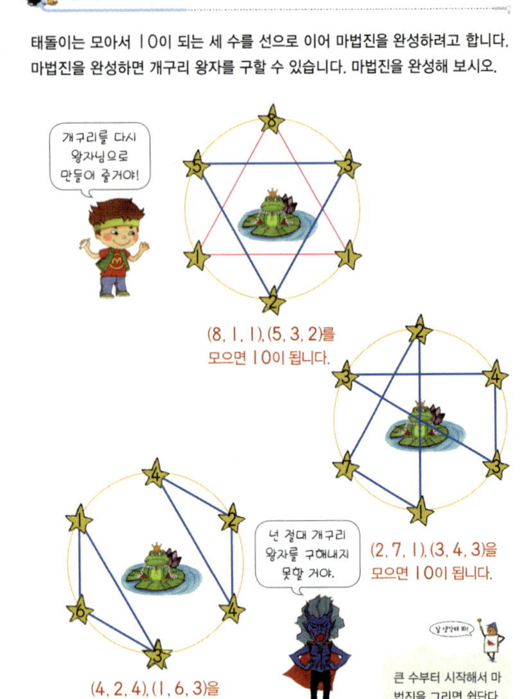

[풍선]

1 티나와 현우가 각자 들고 있는 풍선에 쓰여 있는 세 수를 모으면 10이 됩니다. □ 안에 알맞은 수를 써넣으시오.

[10이 되는 수]

2 네 개의 수 중에서 모아서 10이 되는 세 수를 색칠하시오.

정답 및 해설 **5**

🦉 10이 되는 길

26·27

 와 같이 꿀벌이 수를 모으면 10이 되는 방을 따라 꿀 항아리로 갑니다. 꿀벌이 지나는 길을 선으로 그리시오.

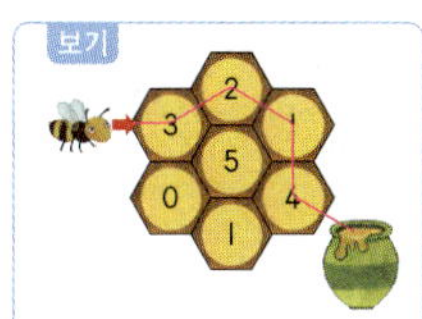

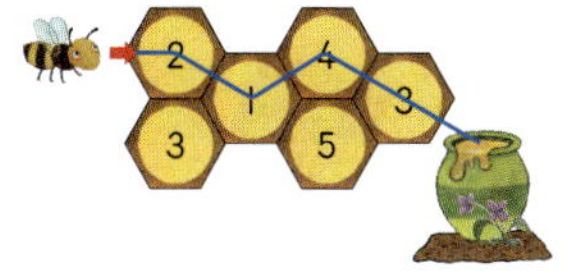

[영웅]

1 얼음 위를 앞 또는 옆으로 1칸씩 움직여 맨 밑의 얼음까지 10을 모으면 큐리의 스케이트를 찾을 수 있습니다. 큐리가 지나간 길을 선으로 그리고 큐리의 스케이트에 ◯표 하시오.

🧑‍🌾 창의적 문제해결력

28·29

1 모은 금붕어의 수가 같도록 어항 2개와 어항 3개를 각각 모으려고 합니다. ☐ 안에 알맞은 기호를 써넣으시오.

(ⓒ , ⓔ)   (㉠ , ⓒ , ⑩)

두 어항 ⓒ, ⓔ의 금붕어의 수 3, 7을 모으면 10입니다.
세 어항 ㉠, ⓒ, ⑩의 금붕어의 수 2, 4, 4를 모으면 10입니다.

📹 **동영상 특강**
QR 코드를 찍어 보세요!

2 도토리 8개를 다음 조건 에 맞게 세 마리의 다람쥐가 나누어 갖습니다. ☐ 안에 알맞은 수를 써넣으시오.

1. 동생 다람쥐는 형 다람쥐보다 도토리를 1개 더 많이 가지고 있습니다.
2. 엄마 다람쥐와 동생 다람쥐는 가지고 있는 도토리의 수가 같습니다.

엄마 다람쥐   형 다람쥐   동생 다람쥐

3 개   2 개   3 개

엄마와 동생 다람쥐에게 도토리를 2개씩 주면 형에게 줄 남은 도토리가 4개이므로 조건에 맞지 않습니다.
엄마와 동생 다람쥐에게 도토리를 3개씩 주면 형에게 줄 남은 도토리가 2개이므로 조건에 맞습니다.

Chapter 2

덧셈과 뺄셈

④ 덧셈

그림을 보고 다음 식을 계산하여 ☐ 안에 알맞은 수를 써넣으시오.

거꾸로 요괴가 구슬을 상자에 모읍니다. 구슬을 더 넣으면 상자에 모두 몇 개의 구슬이 있는지 덧셈식으로 구하시오.

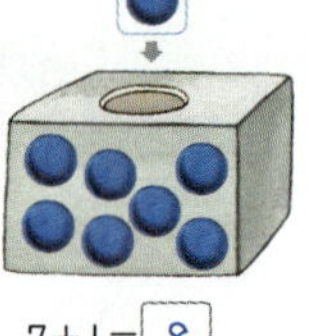
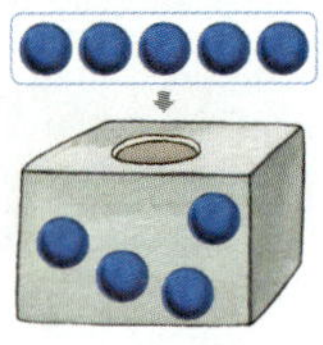

노코 포인트

덧셈을 하는 두 가지 상황입니다.

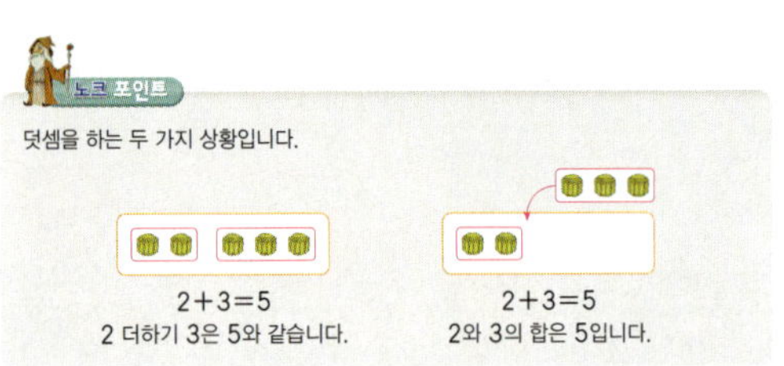

2+3=5
2 더하기 3은 5와 같습니다.

2+3=5
2와 3의 합은 5입니다.

덧셈 연습

다음 계산을 하여 ◯ 안에 알맞은 수를 써넣으시오.

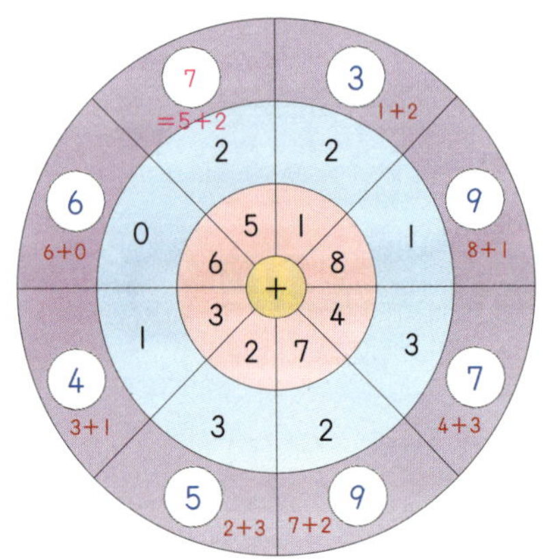

[모양 덧셈]

1 같은 모양에 있는 수끼리 더해 같은 모양의 빈 곳에 답을 써넣으시오.

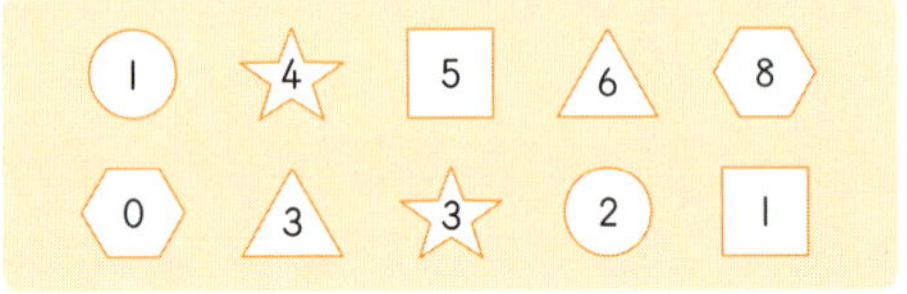

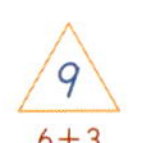

☐ 안의 수끼리, ◯ 안의 수끼리 더하는 거야. 이제는 모를 수가 없겠지.

[잎사귀]

2 덧셈식의 계산 결과가 화분에 쓰여 있는 수와 같은 식을 모두 찾아 색칠하시오.

정답 및 해설 **7**

🦉 합이 같은 식

합이 같은 식을 찾아 같은 색으로 색칠하시오.

[합이 10]

1 합이 10인 풍선을 모두 찾아 ×표 하시오.

---

⑤ 뺄셈

마법 학교에 다니는 꼬마 요괴들은 칭찬 스티커와 벌점 스티커를 받습니다. 벌점 스티커가 칭찬 스티커보다 많을수록 대마왕이 좋아합니다. 스티커 수의 차를 구하고 대마왕이 가장 좋아하는 꼬마 요괴를 쓰시오. **장난 요괴**

칭찬·벌점 스티커

잠만자 요괴	울보 요괴	딴소리 요괴	장난 요괴

● 칭찬 스티커
● 벌점 스티커

잠만자 요괴 $2-1=$ **1** (개)

울보 요괴 $4-3=$ **1** (개)

딴소리 요괴 $5-2=$ **3** (개)

장난 요괴 $6-2=$ **4** (개)

뺄셈을 어려워하는 아이의 경우 표의 스티커 수를 비교하여 계산할 수 있도록 지도합니다.

● 꼬마 요괴들이 먹고 남은 우유는 몇 병입니까?

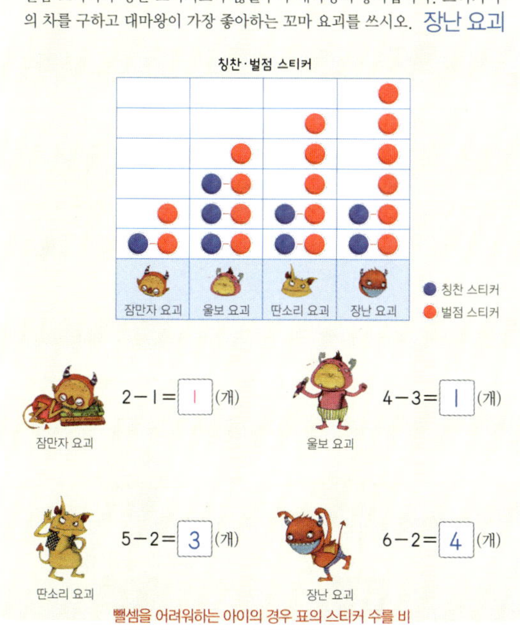

$7-3=$ **4** (병)

$6-4=$ **2** (병)

$7-7=$ **0** (병)

🧙 노크 포인트

뺄셈을 하는 두 가지 상황입니다.

8 PA5 연산

빼셈 연습

마법 나라에서는 자물쇠에 있는 식을 계산하여 열쇠를 찾을 수 있습니다. 다음 자물쇠에 맞는 열쇠를 찾아 ○표 하시오.

[잘못된 빼셈식]

1 잘못된 빼셈식을 모두 찾아 계산 결과를 바르게 고치시오.

재미있는 빼셈

태돌이는 주어진 계산 결과가 나오는 칸을 차례대로 지나서 미로를 통과합니다. 태돌이가 미로를 통과하여 먹게 되는 음식을 쓰시오. 김밥

[계산결과] 8 3 5 1 10 7 2 9 6

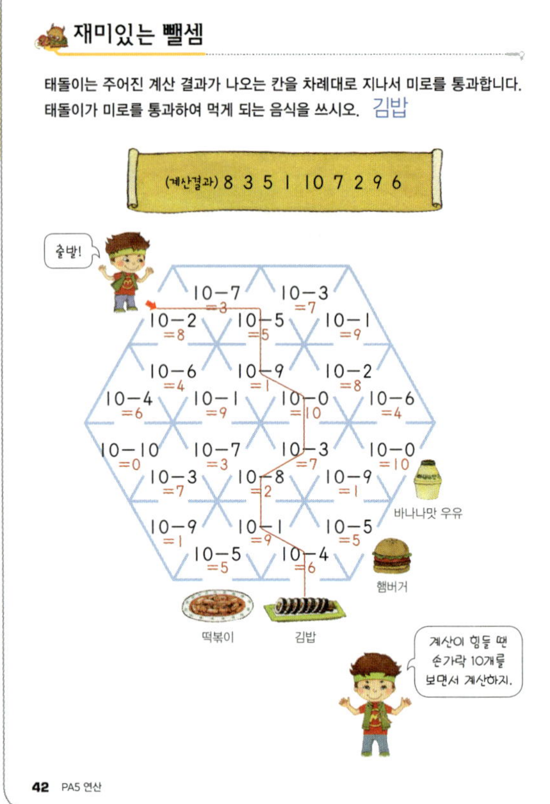

[암호]

1 현우와 큐리가 요괴 나라의 문을 지나가려고 합니다. 다음 빼셈을 하여 문을 지나갈 수 있는 암호를 알아내시오.

다음 식을 계산하고, 그 값에 해당하는 글자를 차례로 쓰면 문을 지나갈 수 있는 암호를 알 수 있다. 요괴 나라에서 나오면 나의 성으로 오거라.
-마법사 멀린-

똑 9-1=8 노 8-5=3 뚝 4-3=1
를 7-0=7 해 9-3=6 크 7-5=2

3	2	7	6	1	8
노	크	를	해	똑	똑

정답 및 해설 **9**

6 덧셈과 뺄셈

티나가 만든 종이 인형 동물원입니다.

---

① 왼쪽 동물원을 보고 다음 물음에 알맞은 식과 답을 쓰시오.

● 낙타와 하마는 모두 몇 마리입니까?

식: $4 + 3 = 7$ (마리) 답: 7 마리

● 하마와 여우는 모두 몇 마리입니까?

식: $3 + 6 = 9$ (마리) 답: 9 마리

● 양은 낙타보다 몇 마리 더 많습니까?

식: $7 - 4 = 3$ (마리) 답: 3 마리

더하는 수의 순서가 바뀌어도 계산 결과가 같으면 정답입니다.

도깨비 포인트

덧셈식과 뺄셈식의 계산 결과가 서로 같을 수 있습니다.

$$4+3=7 \qquad 5+1=6$$
$$9-2=7 \qquad 8-2=6$$

연산 기호가 지워진 식에서 계산 결과가 식의 가장 앞의 수보다 크면 $+$, 작으면 $-$를 씁니다.

$$5\bigcirc1=6 \;\rightarrow\; 5\oplus1=6\,(5<6)$$
$$9\bigcirc3=6 \;\rightarrow\; 9\ominus3=6\,(9>6)$$

계산 결과가 같은 식

계산 결과가 같은 것끼리 선으로 이으시오.

[덧셈 뺄셈 그림]

1 계산 결과가 6인 칸을 모두 색칠하여 나타나는 과일을 쓰시오. 사과

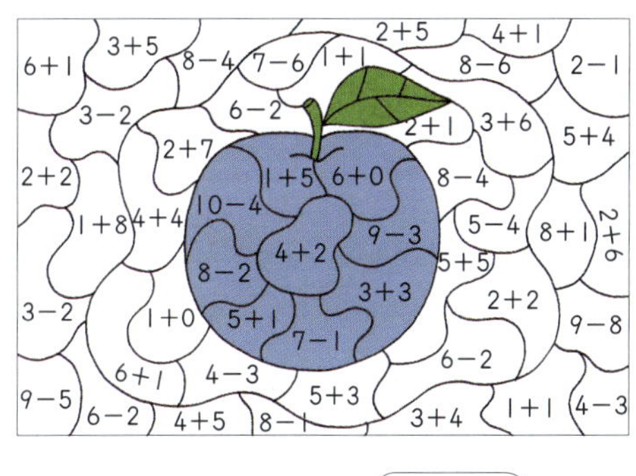

식 완성하기

카드와 지붕에 쓰여 있는 식의 계산 결과가 같습니다. ○ 안에 ＋ 또는 ─를 알맞게 써넣으시오.

[꼬치 식]

1 바른 식이 되도록 꼬치의 빈 곳에 ＋, ─, ＝ 스티커를 알맞게 붙이시오.

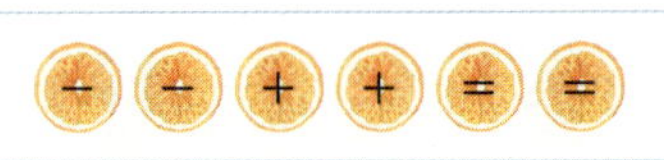

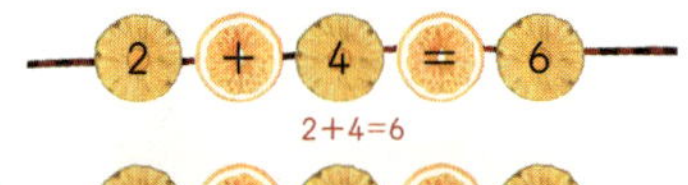

예

9＝8＋1과 같이 예시와 다른 덧셈식이나 뺄셈식을 만들어도 올바른 식이면 정답입니다.

[＋, ─]

2 왼쪽의 수가 계산 결과가 되도록 ○ 안에 ＋ 또는 ─를 써넣으시오.

5

3

창의적 문제해결력

1 가로, 세로에 놓인 식이 모두 올바른 식이 되도록 빈 곳에 알맞은 수를 알아봅시다.

9	− 3 ＝	6
−		−
8		4
＝		＝
1	＋ 1 ＝	2

❶ 퍼즐의 빈칸을 다음과 같이 ①, ②, ③이라고 합니다. 같은 번호의 ☐ 안에는 같은 수가 들어갑니다. ☐ 안에 알맞은 수를 써넣으시오.

9−3＝① 6   ① 6 −4＝③ 2

9−8＝② 1   ② 1 ＋1＝③ 2

❷ 퍼즐을 완성하시오.

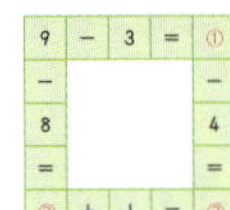

♥ 동영상 특강
QR 코드를 찍어 보세요!

2 태돌이와 티나가 계산기를 사용하여 덧셈식과 뺄셈식을 계산하였습니다. 색칠한 버튼만 눌러 계산하였다고 할 때, 계산한 식을 쓰시오.

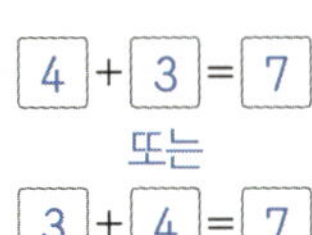

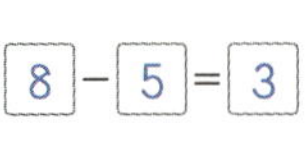

정답 및 해설 **11**

여러 가지 덧셈과 뺄셈

⑦ 콩콩 뛰어 요괴

뛰어 요괴의 모습을 보고 다음 덧셈식의 □ 안에 알맞은 수를 써넣으시오.

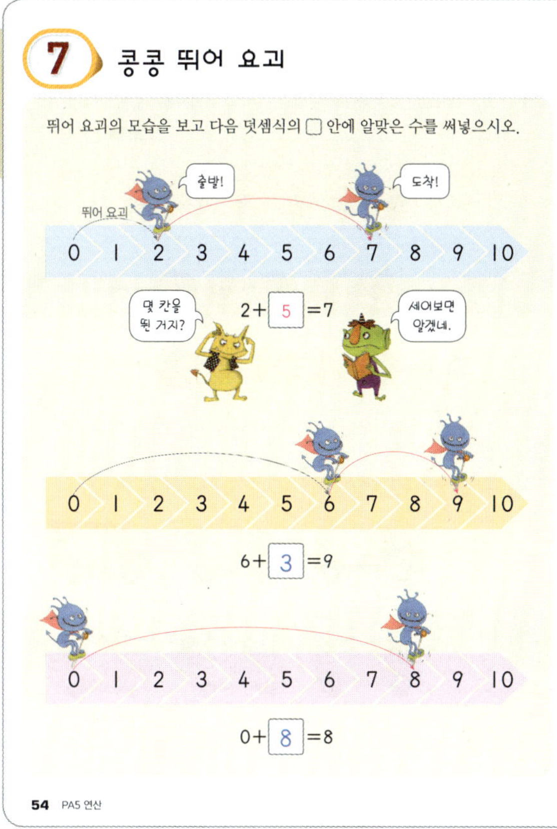

세 명의 생선 장수가 각자 생선 10마리를 두 바구니에 나누어 담았습니다. 덮어놓은 바구니의 생선 수를 □ 안에 써넣어 다음 덧셈식을 완성하시오.

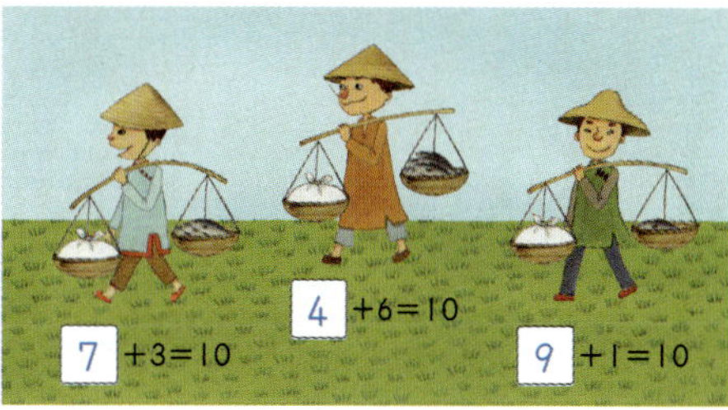

생선 10마리에서 덮여 있지 않은 바구니의 생선 수를 빼면 덮어 놓은 바구니의 생선 수를 알 수 있습니다.

🐯 도깨비 포인트

① 덧셈식에서 □ 안에 알맞은 수는 두 수의 차를 이용하여 구합니다.

$2+\square=5$ $\square=5-2=3$ ➡ $2+\boxed{3}=5$

$\square+2=5$ $\square=5-2=3$ ➡ $\boxed{3}+2=5$

② 뺄셈식에서 빼어지는 수를 모르는 경우 두 수의 합을 이용하여 구합니다.

$\square-3=4$ $\square=4+3=7$ ➡ $\boxed{7}-3=4$

③ 뺄셈식에서 빼는 수를 모르는 경우 두 수의 차를 이용하여 구합니다.

$8-\square=3$ $\square=8-3=5$ ➡ $8-\boxed{5}=3$

👿 없어진 금화

대충이 요괴가 울보 요괴의 주머니에서 몰래 금화를 가져가 과자를 사 먹었습니다. 대충이 요괴가 가지고 간 금화의 수를 구하여 뺄셈식을 완성하시오.

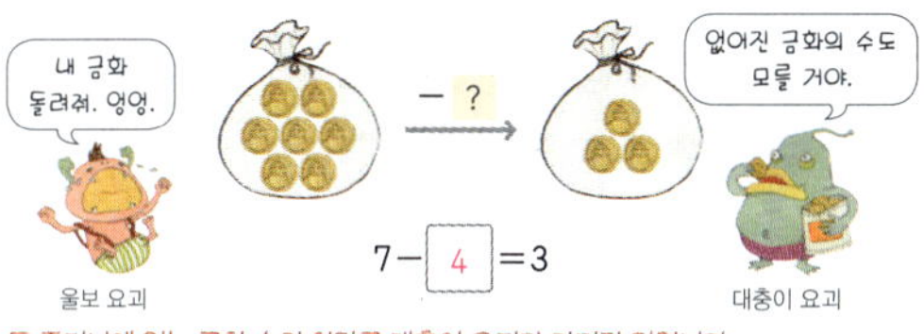

두 주머니에 있는 금화 수의 차만큼 대충이 요괴가 가져간 것입니다.

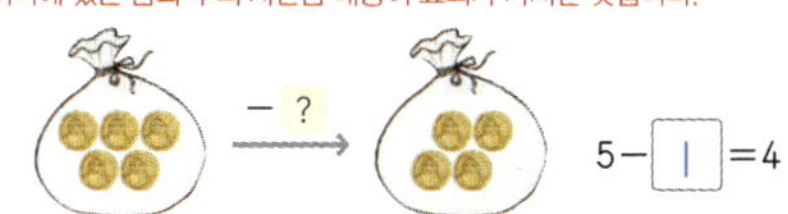

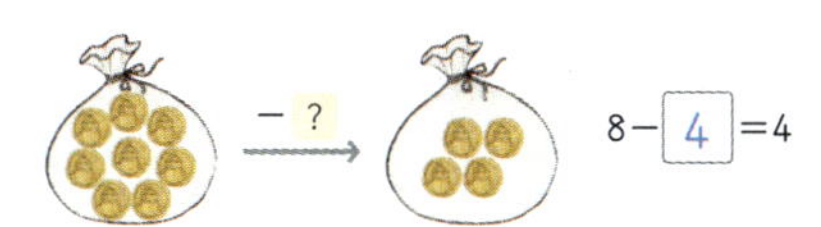

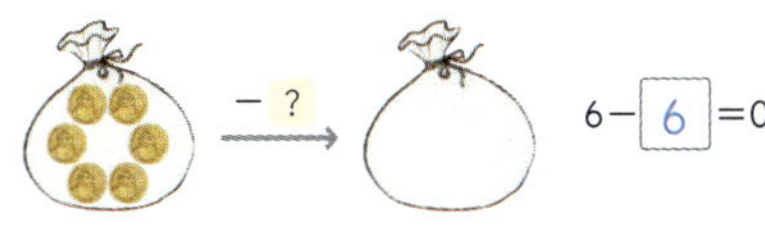

[토끼와 당근]

1 토끼가 바구니에 담긴 당근을 먹습니다. 먹기 전 바구니에 있었던 당근의 수를 생각하여 다음 뺄셈식을 완성하시오.

[고양이 집]

2 고양이 집에서 고양이 3마리가 나오자 고양이 집에는 6마리의 고양이가 남아 있습니다. 고양이는 모두 몇 마리입니까? **9마리**

$\square-3=6$에서 $\square=9$입니다. 따라서 고양이는 모두 9마리입니다.

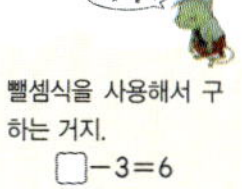

12 PA5 연산

58·59

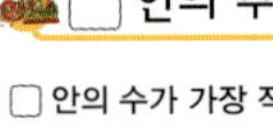

🐿 ☐ 안의 수

☐ 안의 수가 가장 작은 풍선부터 차례로 선을 이으시오.

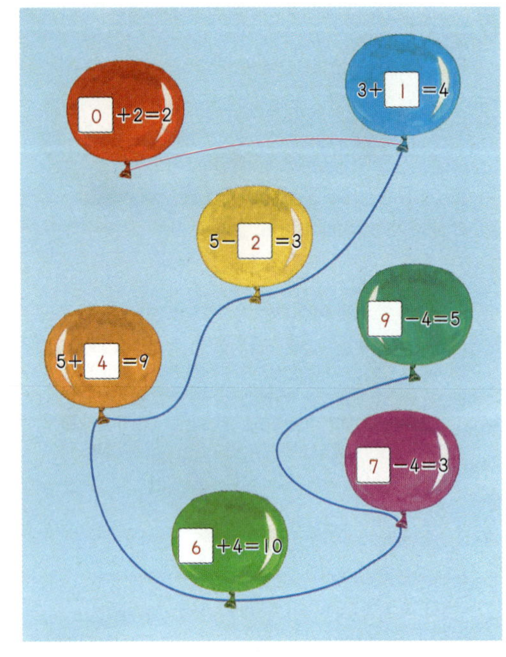

[같은 수]

1 ☐ 안에 들어가는 수가 같은 식끼리 짝을 지으시오.

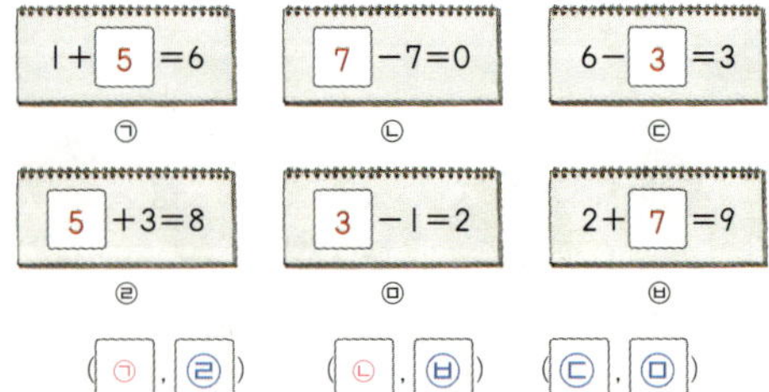

[올바른 식]

2 식이 맞도록 ☐ 안에 알맞은 수를 찾아 ◯표 하시오.

60·61

(8) 더하고 더하고

마법 나라에서 장난감을 사려면 앞에 적힌 수만큼 금화를 내야 합니다.

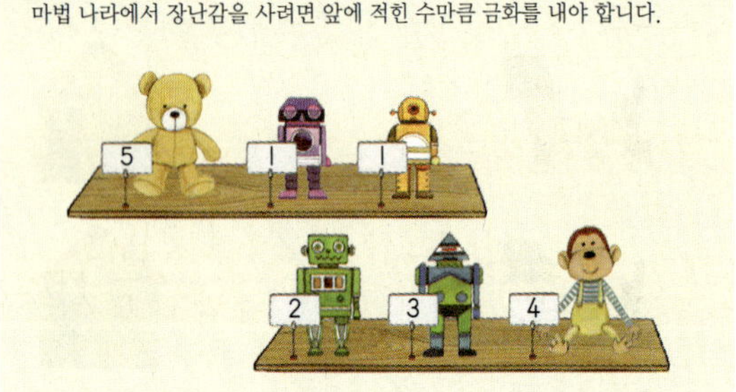

꼬마 요괴가 다음과 같은 장난감을 사려고 할 때 내야 하는 금화의 수를 구하려고 합니다. 다음 덧셈식을 완성하시오.

카드 요정 3명의 카드에 쓰여 있는 수의 합과 같은 수가 적힌 무를 찾아 무 스티커를 붙이시오.

🟢 준비물 무 스티커

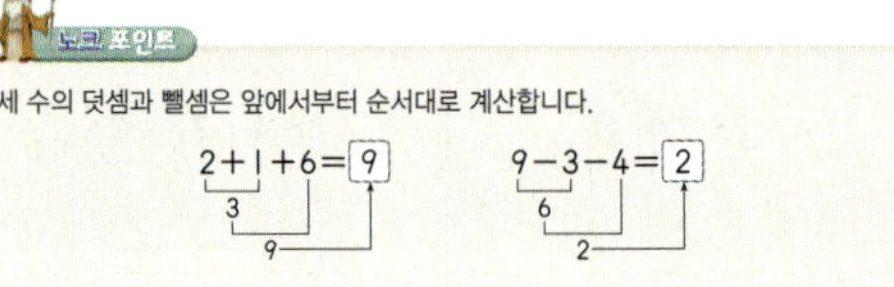
🐿 생각 포인트

세 수의 덧셈과 뺄셈은 앞에서부터 순서대로 계산합니다.

$$2+1+6= 9 \qquad 9-3-4= 2$$

정답 및 해설 **13**

🗡 빼고 빼고

태돌이와 친구들이 피자를 나누어 먹습니다. 대화를 보고 남는 피자 조각의 수를 구하시오.

$$8 - 2 - 3 = 3$$

$$6 - 4 - 1 = 1$$

$$8 - 1 - 5 = 2$$

---

1 열기구의 ☐ 안에 계산 결과를 써넣으시오.

🚂 기차 태우기

다음 식을 계산하고 계산 결과에 맞게 동물들을 기차의 각 칸에 태우시오.

$$9 - 1 - 4 = 4$$

$$6 + 2 + 1 = 9$$

$$2 + 3 + 2 = 7$$

$$4 + 2 + 2 = 8$$

$$8 - 4 - 3 = 1$$

---

1 계산 결과가 같은 것끼리 선으로 이으시오.

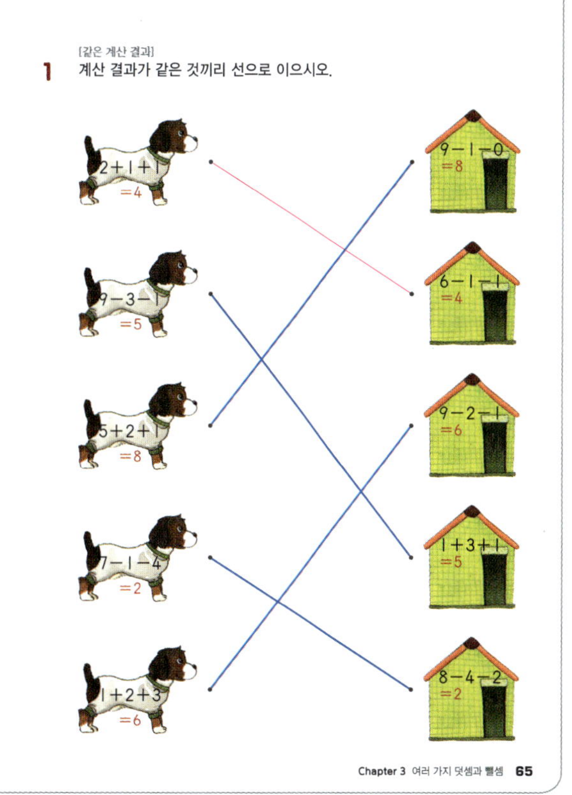

---

14   PA5 연산

66 · 67

9 더하고 빼고

사탕 상자에 현우는 사탕을 넣고, 큐리는 사탕을 꺼내 먹습니다. 현우가 넣은 사탕의 수만큼 ○를 그리고, 큐리가 먹은 수만큼 /로 지워 계산을 하시오.

$5 + 2 - 5 = 2$

$4 + 1 - 3 = 2$

$6 + 4 - 2 = 8$

빼는 수만큼 /로 지우고, 더하는 수만큼 ○를 그려 계산을 하시오.

$6 - 4 + 3 = 5$ 

$3 - 3 + 7 = 7$ 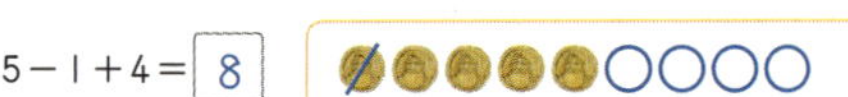

$8 - 5 + 2 = 5$

$5 - 1 + 4 = 8$

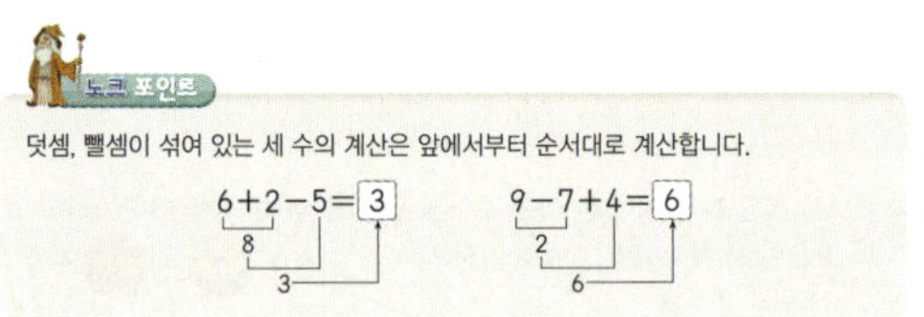

도움 포인트

덧셈, 뺄셈이 섞여 있는 세 수의 계산은 앞에서부터 순서대로 계산합니다.

$6 + 2 - 5 = 3$
  8
  3

$9 - 7 + 4 = 6$
  2
  6

68 · 69

세 수의 계산 연습

강아지가 가장 빠른 길로 미로를 통과하여 뼈다귀에 가려고 합니다. 지나는 식의 계산 결과를 차례로 쓰시오.

$\boxed{4} - \boxed{7} - \boxed{3} - \boxed{9} - \boxed{4}$

1 [그림 완성] 계산 결과가 작은 것부터 차례로 연결하여 그림을 완성하시오.

정답 및 해설 **15**

식 완성

주어진 구슬 스티커를 식의 빈 곳에 붙여서 식을 바르게 완성하시오.

준비물 구슬 스티커

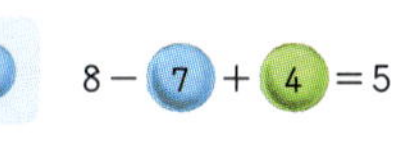

$8 - 7 + 4 = 5$

$5 + 3 - 1 = 7$

❶ 식의 가장 앞의 수와 계산 결과의 크기를 비교하여 ○ 안에 > 또는 <를 써넣으시오.

$8 - \bigcirc + \bigcirc = 5$　　　$5 + \bigcirc - \bigcirc = 7$

$8 \enspace \text{>} \enspace 5$　　　$5 \enspace \text{<} \enspace 7$

❷ ❶에서 계산 결과가 더 작은 식은 주어진 구슬 중 더 큰 수를 빼는 수(○), 더 작은 수를 더하는 수(○)에 붙이시오.　　$8 - 7 + 4 = 5$

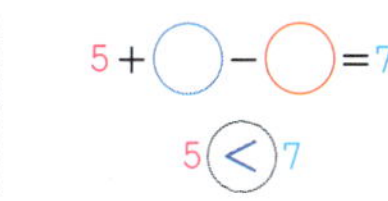

❸ ❶에서 계산 결과가 더 큰 식은 주어진 구슬 중 더 큰 수를 더하는 수(○), 더 작은 수를 빼는 수(○)에 붙이시오.　　$5 + 3 - 1 = 7$

[숫자 카드]

1 숫자 카드의 수를 한 번씩 모두 사용하여 다음 식을 완성하시오.

❶ 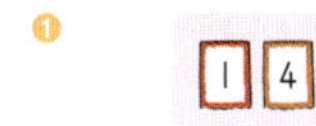  　　❷

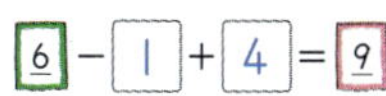
$6 - 1 + 4 = 9$

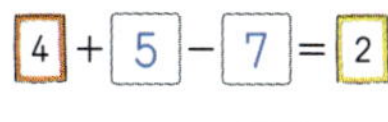
$4 + 5 - 7 = 2$

[원판 안의 수]

2 원판 안의 수 중 두 수를 사용하여 다음 식을 완성하시오.

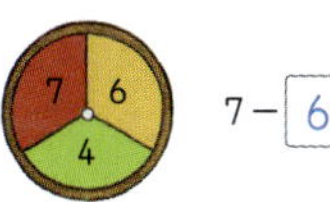

$7 - 6 + 7 = 8$

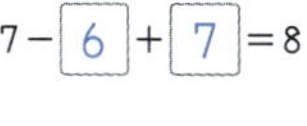

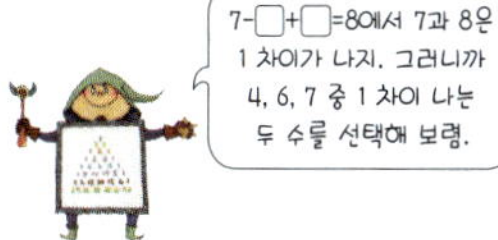

창의적 문제해결력

1 저울이 어느 쪽으로도 기울지 않도록 다음과 같이 추를 놓았습니다. 각 추의 무게가 추에 적힌 수와 같을 때 의 무게를 구하시오.

❶ 저울이 기울지 않는 것은 저울의 양쪽에 놓인 추의 무게가 같기 때문입니다. 식의 □ 안에 알맞은 수를 써넣으시오.

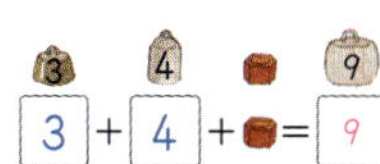

$3 + 4 + \blacksquare = 9$

❷ ❶의 식에서 앞 두 수의 합을 구하여 오른쪽 식의 □ 안에 써넣고 식을 완성하시오.

$3 + 4 + \blacksquare = 9 \enspace \Rightarrow \enspace 7 + \blacksquare = 9$

❸ ❷의 식을 이용하여 무게를 구하시오.　2

$7 + \square = 9$에서 $\square = 2$입니다. 따라서 무게는 2입니다.

♥ 동영상 특강
QR 코드를 찍어 보세요!!

2 다음 요괴 카드는 1부터 9까지의 수 중 각각 다른 수를 나타냅니다.

$\square + \square = 6 \enspace \Rightarrow \enspace \square = 3$

$\square + \square = 6 \rightarrow \square = 3$

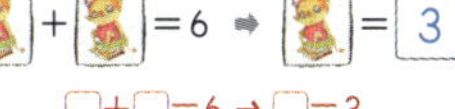

$\square + \square = 4 \enspace \Rightarrow \enspace \square = 1$

$\square + 3 = 4 \rightarrow \square = 1$

$\square - \square = 8 \enspace \Rightarrow \enspace \square = 9$

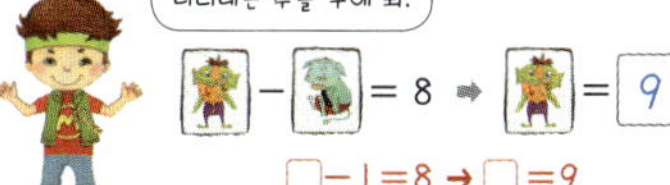

$\square - 1 = 8 \rightarrow \square = 9$

퍼즐과 연산

10 합이 같은 두 수

한입 요괴와 같이 두 수의 합이 주어진 수가 되는 두 수를 모두 찾아 선을 이으시오.

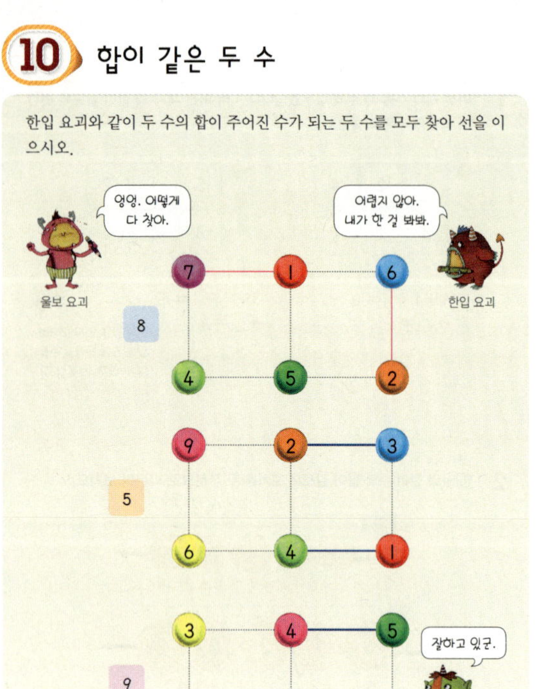

수가 적힌 쌓기나무가 있습니다. 둘씩 짝을 지어 합이 같도록 나누었습니다. □ 안에 알맞은 수를 써넣으시오.

| 2 | 5 | 4 | 1 |

| 2 4 | 5 1 |

| 6 | 1 | 7 | 2 |

| 6 2 | 1 7 |

| 1 | 3 | 4 | 2 |

| 1 4 | 3 2 |

| 5 | 8 | 4 | 1 |

| 5 4 | 8 1 |

짝을 지은 수가 같으면 수를 쓴 순서와 관계없이 정답입니다.

노크 포인트

① 네 수를 합이 같은 두 수씩 짝을 지을 때는 가장 작은 수와 가장 큰 수, 나머지 두 수를 짝짓습니다.

| 1 | 3 | 5 | 7 | ➡ (1 , 7), (3 , 5)

② 네 수를 차가 같은 두 수씩 짝을 지을 때는 가장 작은 수와 세 번째 작은 수, 나머지 두 수를 짝짓습니다.

| 1 | 3 | 5 | 7 | ➡ (1 , 5), (3 , 7)

차가 같은 두 수

색칠된 ● 안의 수가 차가 되는 두 수를 모두 찾아 선으로 이으시오.

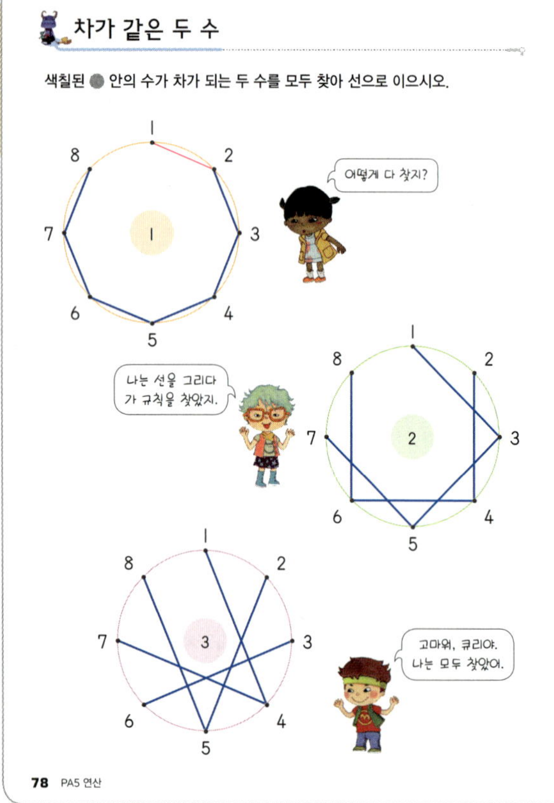

[숫자 카드]

1 주어진 숫자 카드를 차가 같도록 두 장씩 짝을 지으시오.

① | 2 | 4 | 5 | 7 | 예 (2 , 5) (4 , 7)
5-2=3   7-4=3

② | 1 | 3 | 4 | 6 | 예 (1 , 4) (3 , 6)
4-1=3   6-3=3

[차가 같은 두 수]

2 두 수의 차가 같은 경우가 2가지 있습니다. 차가 같은 두 수끼리 선으로 이으시오.

①
5-1=4   8-4=4   8-5=3   4-1=3

②
9-6=3   5-2=3   9-5=4   6-2=4

정답 및 해설 **17**

 **수 묶기**

가로 또는 세로 줄에 놓인 세 수의 합이 꼬마 요괴가 말하는 수가 되는 세 수를 찾아 ◯로 묶으시오.

2	2	4
1	5	2
1	3	3

$4+2+3=9$

1	4	4
3	2	5
3	2	1

$4+2+2=8$

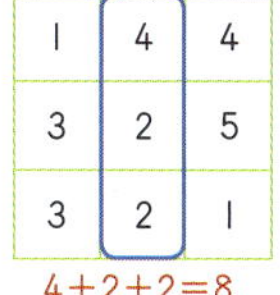

5	2	1
1	5	3
2	3	1

$2+3+1=6$

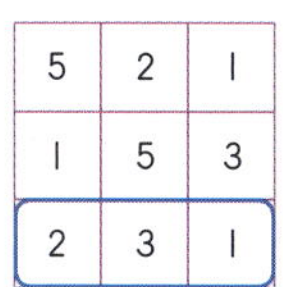

$1+2+2=5$

5	4	1
1	2	2
2	1	4

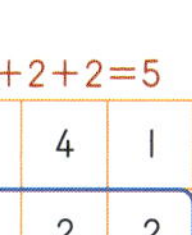

[세 수의 합]

1 여섯 개의 수를 세 수씩 나누었습니다. 나누어진 세 수의 합이 같도록 빈칸에 알맞은 수를 써넣으시오.

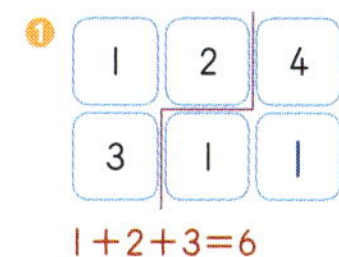
❶

1	2	4
3	1	1

$1+2+3=6$
$4+1+\square=6$
$\rightarrow \square=1$

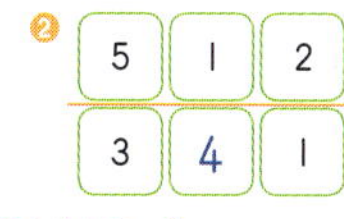
❷

5	1	2
3	4	1

$5+1+2=8$
$3+\square+1=8$
$\rightarrow \square=4$

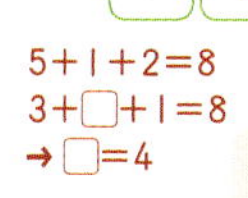

[꼬치 나누기]

2 보기와 같이 수의 합이 같도록 꼬치를 두 부분으로 나누어 보시오.

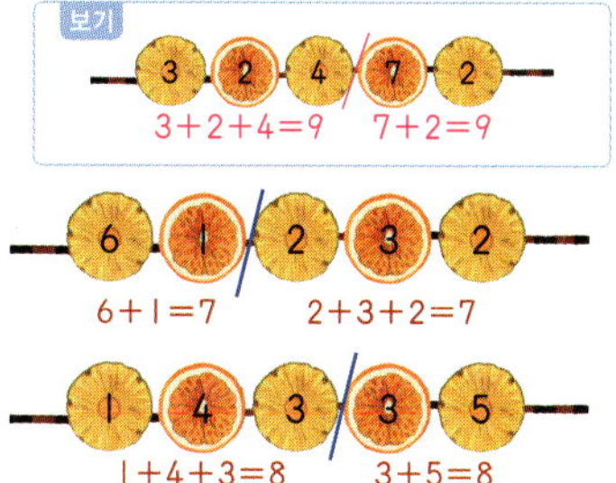

| 6 | 1 | 2 | 3 | 2 |

$6+1=7$ $2+3+2=7$

| 1 | 4 | 3 | 5 |

$1+4+3=8$ $3+5=8$

---

11 숨겨진 식 찾기

마법 나라의 새들은 숫자가 적힌 알을 낳습니다. 가로줄과 세로줄에 놓인 수 중 세 수를 찾아 덧셈식을 완성하시오.

❶ 보기와 같이 이웃한 세 수를 찾아 뺄셈식을 완성하시오.

보기

4 $\boxed{5-3=2}$ 8 1

3 $\boxed{6-2=4}$ 5 $\boxed{9-8=1}$ 5 3 6

8 $\boxed{4-1=3}$ 6 7 7 2 3 $\boxed{8-6=2}$

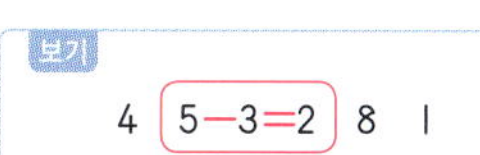 **노트 포인트**

덧셈식 $1+3=4$에서 하나의 식을 이루는 (1, 3, 4)를 가족수라고 합니다.

① 가족수 중 가장 큰 수를 계산 결과에 놓아 덧셈식을 만들 수 있습니다.
$1+3=4$ $3+1=4$

② 가족수 중 가장 큰 수를 식의 가장 앞에 놓아 뺄셈식을 만들 수 있습니다.
$4-3=1$ $4-1=3$

숫자 카드나 수 공을 이용하여 합이 가장 큰 식을 만들 때에는 주어진 수 중 가장 큰 수와 두 번째 큰 수의 합을 구하고, 차가 가장 큰 식을 만들 때에는 주어진 수 중 가장 큰 수와 가장 작은 수의 차를 구합니다.

18 PA5 연산

84 · 85

👾 식 완성하기

꼬마 요괴들이 구슬 4개를 이용하여 식 2개를 만들고 구슬을 상자 안에 넣었습니다. 꼬마 요괴들이 사용한 구슬을 모두 꺼내어 식을 완성하시오.

준비물 구슬 스티커

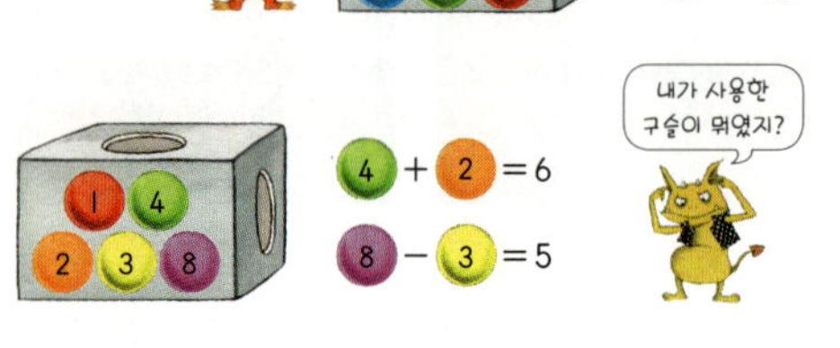

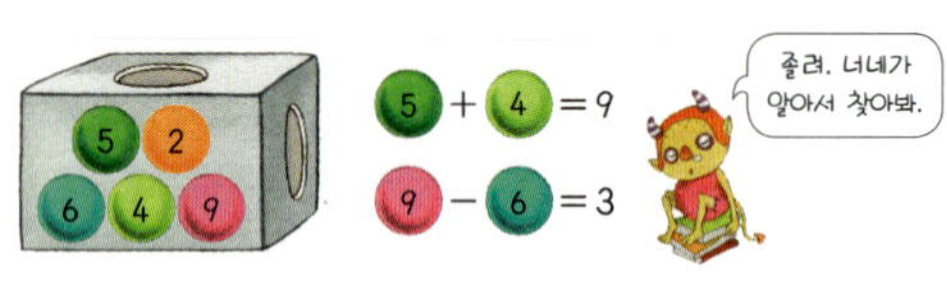

[계산기]

1 다음 계산기에서 숫자가 지워진 버튼은 누르지 않습니다. 다음 계산 결과를 보고 서로 다른 2가지 덧셈식을 완성하시오.

식 1 $1 + 5 = 6$

식 2 $2 + 4 = 6$

[꼬치의 수]

2 다음 꼬치에 있는 수 중 세 수를 사용하여 만들 수 있는 덧셈식과 뺄셈식을 1가지씩 만드시오.

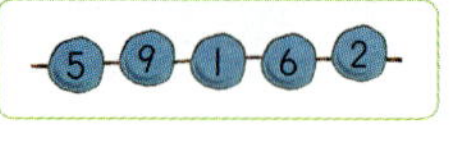

덧셈식 $5 + 1 = 6$

또는

$1 + 5 = 6$

뺄셈식 $6 - 1 = 5$

또는

$6 - 5 = 1$

---

86 · 87

🦉 원하는 식 만들기

두 꼬마 요괴가 각자 상자 안의 구슬 중 2개를 꺼내 한 번씩만 사용하여 식을 만든 뒤 다시 상자 안에 구슬을 넣었습니다. 두 꼬마 요괴가 만든 식을 알아보시오.

준비물 구슬 스티커

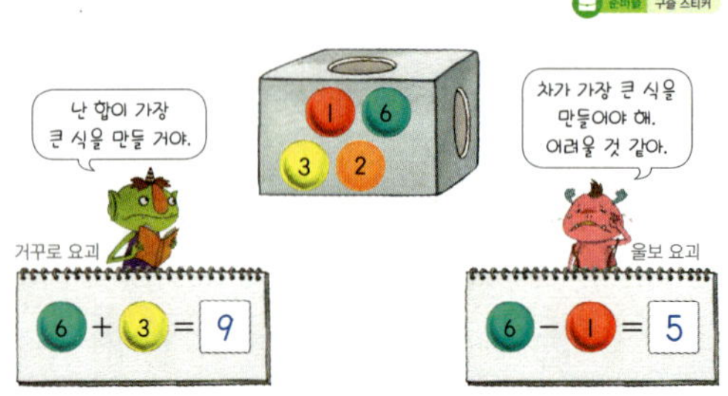

❶ 상자 안에 있는 구슬 중에서 큰 수가 적힌 구슬부터 차례로 ○ 안에 구슬 스티커를 붙이시오.

❷ 합이 가장 큰 식은 주어진 수 중 가장 큰 수와 두 번째 큰 수를 사용하여 만듭니다. 구슬 스티커를 사용하여 거꾸로 요괴의 식을 완성하시오.

❸ 차가 가장 큰 식은 주어진 수 중 가장 큰 수와 가장 작은 수를 사용하여 만듭니다. 구슬 스티커를 사용하여 올보 요괴의 식을 완성하시오.

[숫자 카드의 차]

1 주어진 숫자 카드 중 2장을 사용하여 차를 구할 때 나올 수 없는 수의 기호를 모두 찾아 쓰시오. ❶ ㉣, ㉤ ❷ ㉠, ㉣

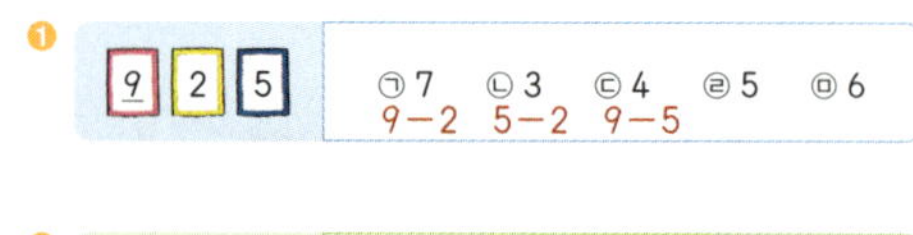

[가장 큰 식, 가장 작은 식]

2 주어진 수 중 세 수를 한 번씩 사용하여 덧셈식을 만들려고 합니다. 만들 수 있는 합이 가장 큰 식과 합이 가장 작은 식을 쓰시오.

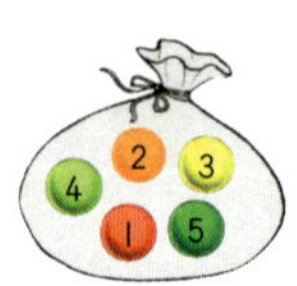

합이 가장 큰 식

$1 + 4 = 5$

또는 $2 + 3 = 5$

합이 가장 작은 식

$1 + 2 = 3$

예시 답안과 더하는 두 수의 순서가 바뀐 것은 정답으로 봅니다.

정답 및 해설   **19**

12 미로 통과

동물들이 미로를 통과하며 만나는 세 수의 합을 □ 안에 써넣으시오.

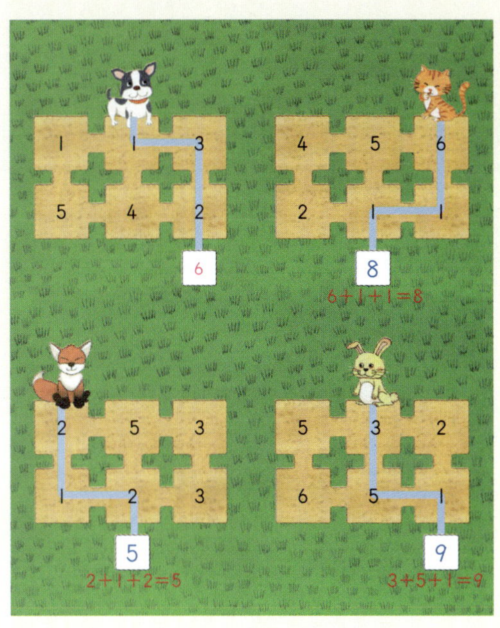

미로를 통과하면서 만난 세 수의 합이 꼬마 요괴가 말한 수가 되도록 요괴가 지나는 길을 선으로 나타내시오.

노크 포인트

연산 놀이에는 미로 퍼즐, 사다리타기, 화살표 연산이 있습니다.

① 미로 퍼즐은 미로를 통과하면서 길 위의 연산을 계산하는 것입니다.
② 사다리타기는 사다리를 타고 내려오면서 길 위의 수나 물건의 수를 차례로 더하는 것입니다.
③ 화살표 연산은 모양이 다른 화살표에 연산 약속을 정하고 약속에 따라 계산하는 것입니다.

🐘 사다리타기

대충이 요괴가 사다리를 타고 내려가며 모은 젤리를 상자에 넣습니다. 대충이 요괴가 모은 젤리의 수를 알아봅시다.

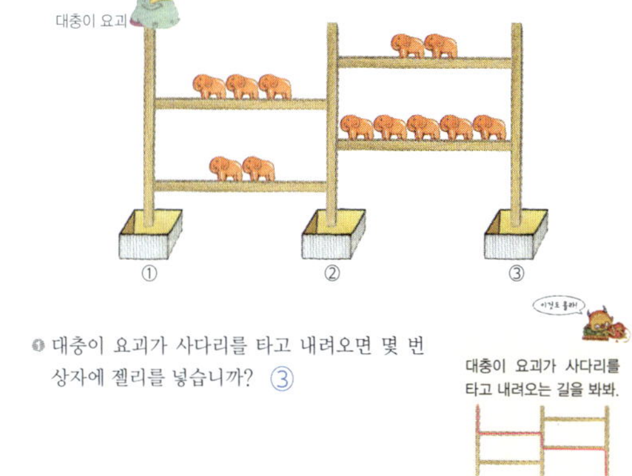

❶ 대충이 요괴가 사다리를 타고 내려오면 몇 번 상자에 젤리를 넣습니까? ③

대충이 요괴가 사다리를 타고 내려오는 길을 봐봐.

❷ 대충이 요괴가 사다리를 타고 내려오면서 모은 젤리의 수를 덧셈식을 사용하여 알아보려고 합니다. □ 안에 알맞은 수를 써넣으시오.

$$3 + 5 = 8$$

❸ 대충이 요괴가 모은 젤리는 몇 개입니까? 8개

[마법의 알약]

1 잠만자 요괴와 멍하니 요괴가 사다리를 타고 내려가며 마법의 알약을 모읍니다. 각 요괴들이 모으는 알약의 수를 구하시오.

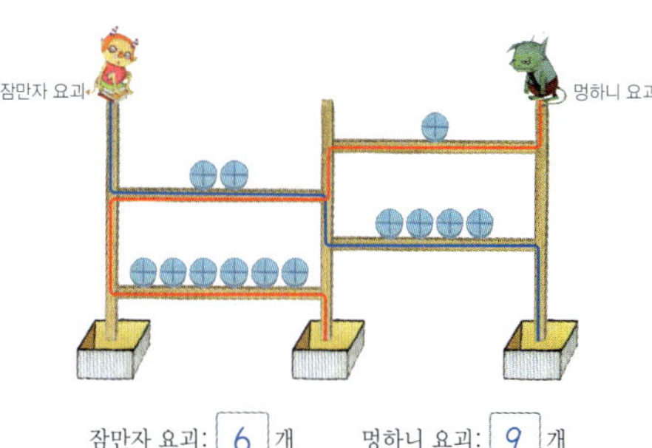

잠만자 요괴: 6 개   멍하니 요괴: 9 개

❶ 잠만자 요괴와 멍하니 요괴가 사다리를 타고 내려오는 길을 각각 선을 그어 나타내시오.

❷ 잠만자 요괴와 멍하니 요괴가 모으는 마법의 알약의 수를 덧셈식을 사용하여 구하시오.

잠만자 요괴: $2 + 4 = 6$ (개)

멍하니 요괴: $1 + 2 + 6 = 9$ (개)

🦉 화살표 연산

현우는 다음과 같은 약속 을 정하였습니다. 약속에 따라 다음 계산을 하시오.

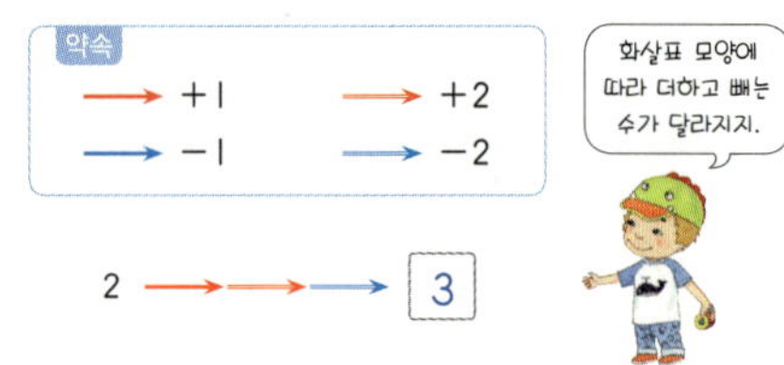

❶ → 는 +1을 약속한 것입니다. 다음 ☐ 안에 알맞은 수를 써넣으시오.

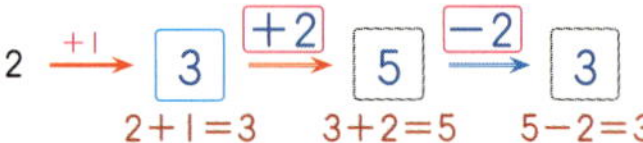

❷ ❶의 →, → 위의 ☐ 안에 화살표 약속을 써넣으시오.

❸ 화살표 약속에 따라 계산하여 ❶의 ☐ 안에 알맞은 수를 써넣으시오.

[화살표 약속]

1 왼쪽 현우의 약속에 따라 다음 계산을 하시오.

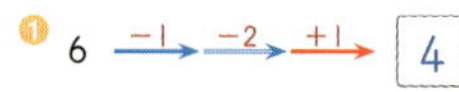

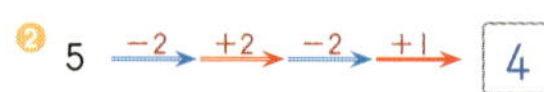

[양궁]

2 태돌이는 빨간색 화살이 꽂힌 곳의 수는 더하고 파란색 화살이 꽂힌 곳의 수는 빼기로 약속하고 양궁을 하고 있습니다. 다음을 보고 계산을 하시오.

🎨 창의적 문제해결력

1 강아지가 길을 따라 가며 세 수의 계산을 합니다. 보기 와 같이 계산 결과에 맞게 강아지가 가는 길을 선으로 나타내시오.

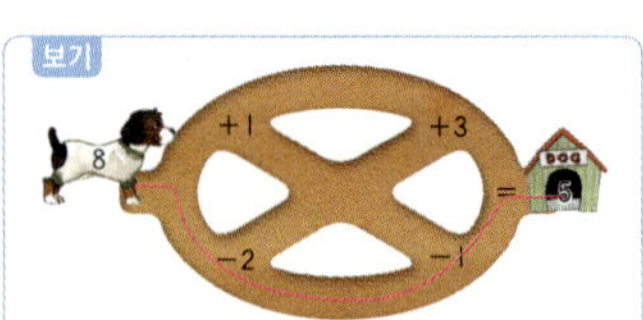

2 1부터 5까지의 수를 한 번씩 모두 사용하여 한 줄에 놓인 세 수의 합이 같도록 만들었습니다. 빈 곳에 알맞은 수를 써넣으시오.

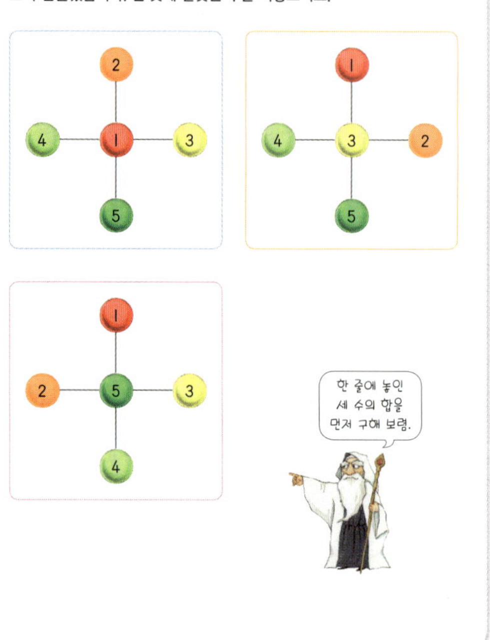

정답 및 해설 **21**

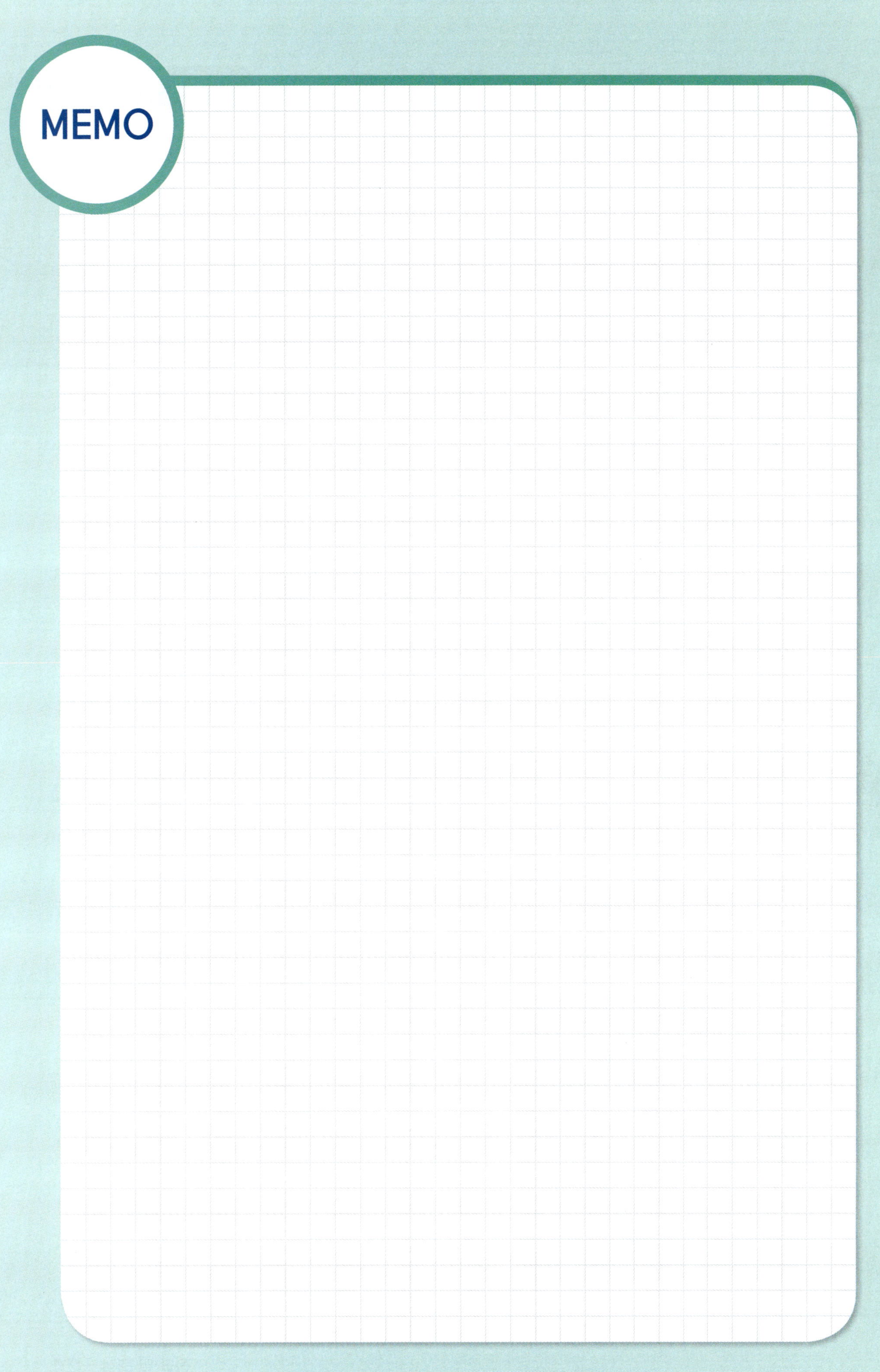

MEMO

MEMO

MEMO

누구나 쉽고 재미있게
사고력
수학

정답 및 해설

연산

PA5

(7~8세)

준비물　쿠키 스티커
11쪽에 사용하세요.

준비물　젤리 스티커
22쪽에 사용하세요.

준비물　+, −, = 스티커
49쪽에 사용하세요.

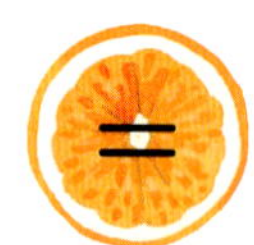

61쪽에 사용하세요.

64쪽에 사용하세요.

70, 84, 86쪽에 사용하세요.

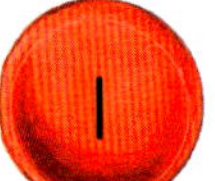